Leaves Publishing

根　以讀者為其根本

莖　用生活來做支撐

葉　引發思考或功用

果　獲取效益或趣味

曹操，你在說什麼

王心慈◎編著

曹操，你在說什麼？

編　著　者：王心慈
出　版　者：葉子出版股份有限公司
發　行　人：葉忠賢
總　編　輯：林新倫
主　　　編：林淑雯
副　主　編：陳裕升
媒 體 企 劃：汪君瑜
文 字 編 輯：張愛華
內 頁 插 圖：重點廣告‧jimmy
美 術 編 輯：視覺設計工作室
封 面 設 計：呂慧美
印　　　務：黃志賢
地　　　址：台北市新生南路三段88號7樓之3
電　　　話：(02)23635748　　傳　真：(02)23660313
E - m a i l：service@ycrc.com.tw
網　　　址：http://www.ycrc.com.tw
郵 撥 帳 號：19735365　　　戶　名：葉忠賢
印　　　刷：鼎易印刷事業股份有限公司
法 律 顧 問：北辰著作權事務所
初 版 一 刷：2004年 3月　　定　價：新台幣 280 元
I S B N：986-7609-14- X

國家圖書館出版品預行編目資料

曹操，你在說什麼？／王心慈編著.
初版.一台北市：葉子，2004〔民93〕
　面：　公分.一（忘憂草）
　ISBN 986-7609-14-x（平裝）
1.謀略學-通俗作品
177　　　　　　　92021423

總　經　銷：揚智文化事業股份有限公司
地　　　址：台北市新生南路三段88號5樓之6
電　　　話：(02)23660309
傳　　　真：(02)23660310

※本書如有缺頁、破損、裝訂錯誤，請寄回更換

前言

　　在漫悠的中國歷史中，有些人留下的影響力既深且遠，他們的思想、智慧、勇氣、智謀、道德，成為我們學習與效法的對象。透過他們所留下來的有限文字及資料，讓我們得以速成的方式了解人生的內涵，進而正視、規劃自己的人生。

　　現在的世界，多采多姿，詭譎萬變。這是古人沒有辦法想像的。但現代人真的比古人更了解自己的世界、更洞悉生命的意義嗎？這也是現代人沒有辦法回答的。這個世界急遽發展的結果，除了速食文化之外，又讓現代人知道了些什麼呢？又懂得了些什麼呢？這又是令人尷尬、難回答的問題。

　　從此一叢書中，我們可以看到，有的先人以自己的思想著作影響世人，有的先人自己親身創造歷史，有的先人只想做天空裡的一片雲，卻不小心時時投影在你、我的心中。在歷經千年、百年後，在中國文化已然變質的今日，他們的人生依然讓我們心嚮往之，他們深藏在心底的智慧，依然以瀟灑、曠達、智詰、謀略、自然……的姿態展現在我們的眼前。

　　以一書一人物的活潑、輕鬆筆調請這些看似高居雲端的先人們走入凡間，走入我們的生活裡，一起探討我們所遺失的智慧在哪裡？我們是否太粗心，以致於讓智慧擦肩而過？我們的生活是否因為充塞了沒有生命的資訊而失去了生機？我們的人生是否應該做某種程度的調整，甚至和古聖先賢作連線？

　　《曹操，你在說什麼？》一書，是以故事的形式表現，在每篇的文末皆附有小小的生活智慧，供讀者省思。先人的智慧有如流水，有的人看見水奔流不息，想到自己應該學習它，不捨晝夜地奔赴理想；有的人看見水滋潤萬物，想到自己應該效法它，源源不斷地養護生命。先人的智慧，因為有您的省思，不再是死的資訊，先人的智慧，因為有您的學習和效法，它活在您人生的每一分秒中。

編輯部

目 錄

在中國人的心目中，曹操是以智和詐聞名的，其實無智不能詐，詐也是一種智慧。智和詐在內容上是同樣的東西。只是依照一般人在正常情形下的看法，智是正常、正派的；詐是奸邪的、不好的，但用到行軍打仗，兵不厭詐，兵行詭道，也就很正常了。所以，我們可以說曹操在中國歷史上算是一個智慧人物。

關於用智，曹操曾和袁紹有一段精采的對話，從中可以看出他們二人的心性和能耐。

那是發生在討伐董卓，曹操為天下倡，大兵初起的時候。袁紹問曹操：「如果討伐董卓不能成功，你打算到什麼地方去佔地盤呢？」

對袁紹的問話，曹操沒有回答，只是反問了一句：「你以為應怎樣才好呢？」

袁紹很有氣魄地說：「我南面據守黃河，北面依靠燕代，再向西北吞併烏桓、鮮卑、南匈奴，然後再向南爭天下，這樣，大致可以成功了吧？」

袁紹這樣說當然也是腳踏實地的，但他既然知道曹操本無地盤，這樣說不就等於一個大富豪的兒子在一個窮光蛋的兒子面前炫耀家底嗎？因此，有大志大才的曹操未置可否，他相當智巧地談到自己的打算。他說：「吾任天下之智力，依情理而使用之，讓人盡其才，就

可以無往而不勝。」

　　他又說：「商湯起
於亳地，周武王起於西
岐，難道他們的地盤相
同嗎？如果單單地將地盤
做爲本錢，即不知時移勢變
了。」

生活智慧

曹操對袁紹一時遮掩面子的話，其實是成大事者駕馭局面的一種大法則，也就是所謂的以智應
變。而以智應變，謀事者本人必須要明智，臨機能變。從曹操與袁紹的對話中，我們也可以看
出曹操一生的行為舉止。

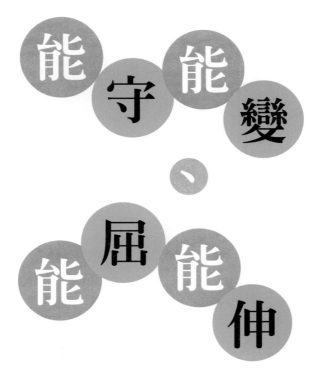

能守能變、能屈能伸

追溯歷史文明的歷程，王道既非「可憐繡戶閨門女，獨倚青燈古佛旁」，霸術也非「獨立三邊靜，輕生一劍知」的江湖獨行俠。二者總是相幫相襯，為文為武，行好行歹，盡忠盡奸，合而為一地完成某種軍事政治目的。

所以，從文明的延續上，曹操是王道霸術揉雜在一起的，我們也應當以此觀之。並且，從這一點來看，曹操的言行，乃至於人生風采，也都別具特色。

在中國漫長的歷史河流中，除了王霸二道之外，還有其他的統馭之道。比如漢朝初年的黃老之術，即無為而治，它省事、富智慧，又極具人格修養，是一種很高妙的統馭之道。但細論起來，它像王道，又似乎聯繫著霸道。因為它的哲學基礎是黃帝、老子的學說，它的最大特點是不無事找事，既不像王道那樣多情多義，也不像霸道那樣無情無義。因而，它自成一道。

另外，還有用佛道治國治軍的。如南北朝的梁武帝，北宋的宋徽宗等，和清初蒙

古的諸多部落。佛道自有它萬古流傳的價值，但用來治國用兵難免走火入魔。無論如何，為突顯曹操的獨特處，雖聊備一格，且開列在此。

從上述的比較，我們可以看出奉行王道霸術者，大致有下面的特點：

1. 都是些有所作為的人物；呂尚、孔丘、劉邦、張良、劉備、諸葛亮是也。自然曹操也必在其中。
2. 盡是些智能人物；這些人物中，當然少不了曹操。
3. 能利用時勢，又能造就時勢。
4. 能守能變，能屈能伸。
5. 有大勇，有確定的人生目標與志向。
6. 知人善任，愛惜人才。

這是行王道霸術的人們共有的特性，這些共有的特性曹操當然具備，但僅有此，那曹操就不是曹操了。曹操還有曹操的特點，那就是：

1. 挾天子以令諸侯，打的是皇帝牌。
2. 因智而詐，甚為奸滑。
3. 放縱情性，不拘小節。
4. 有時殘忍，幾無人道；有時多情，極有人情味。
5. 敢冒險，常死裡逃生，亂中取勝。
6. 認定有道理，敢冒天下之大不諱。
7. 順我者昌，逆我者亡。
8. 有時多愁善感，常揣哲人之心。

這八點就是曹操兼用王道、霸術所表現在外
的特點了。

生活智慧

從王道霸術的探討中，看到曹操之所以為曹操之處。曹操放縱情性，不拘小節；曹操既智且詐；
曹操的奸滑，甚至殘忍。曹操之能成為梟雄，自有它的道理。

是能是奸，因時而變

　　「孝廉」是漢朝的一種制度，其制度為滿二十萬人口的郡國每年舉一人，不到此數的郡國每兩年舉一人，得舉孝廉即可入朝為郎官，內轉為卿大夫，外轉為郡國守相。曹操二十歲就舉孝廉而入仕途。此時的曹操名聲不佳，若非家世，哪能得此殊遇。不過曹操的出脫，除了家世、個人的才能，在漢末亂世的機遇大約也是關鍵：

　　1.東漢桓、靈二帝時的宦官專政，「黨錮之禍」，血洗儒林，數以千計正直的士人被囚禁而最終又遭殺戮，顯得東漢王朝已無生機。對如此驚心動魄的倒行逆施，初入仕的曹操即大聲疾呼，為被害的黨人鳴冤叫屈。他的凜然正氣讓世人刮目。

　　2.鎮壓黃巾起義，親自披堅執銳，初試以戰去戰的能力。

　　3.董卓之亂讓他首次在國人面前樹立起大英雄救世定天下的形象。後來袁紹等擁兵割據，客觀上迫使效忠漢王朝的曹操走上了自我壯大之路。到後來發展出挾天子以令諸侯，成為不是皇帝的皇帝。

　　曹操處此亂世，完全有理由自成氣候，而且歷史的確也是不斷改朝換代的，所以曹操也完全可以對漢朝取而代之，如楊堅之於北周、李淵之於隋、趙匡胤之於後周……等的作法。但曹操卻不這麼做，他一方面把獻帝當作旗幟，號令天下，一方面自己做忠臣。這樣做的結果，是把獻帝置於無限的精神折磨和殺戮的恫嚇之中，所以為什麼落得世人認定他既奸且惡了。不過歷史無是非，存在即合理。曹操乘亂而起，也就有它的道理了。

　　再就曹操待人處世的風格，也可看出他能乘亂而起的原因。

曹操曾對人說：「誰如果想害我，我就會心跳得厲害。」為了證明這一點，他叫一侍從官：「你身上藏著刀來到我身邊，我就會心跳得厲害，然後抓住你，從你身上搜出刀，假如我懲罰你，你不要說是我要你幹的，我會厚賞你！」侍從官照辦，結果免不了被殺頭。

曹操還對人說：「我睡覺時，諸君不要走近我。因為我夢中殺人，自己竟全不知道。」有一天，曹操和衣躺下，假裝睡熟，一近侍怕他受涼，上前為他蓋被子，曹操翻身坐起，一劍將近侍刺死，又倒身呼呼睡去。

這就是曹操的風格。

生活智慧

曹操乘亂而起，無論作風、性格，大抵不出英雄見其神武，德者見其奸詐，智者見其權變，厚者見其忌刻……。曹操是能是奸，因時而變，所以為什麼說曹操既留芳千古，又遺臭萬年。

施展抱負，達成心願

東漢末年，有一種有趣的風尚，名士隱居岩穴，以爲風雅。因此大家互相效尤，傳爲佳話。如果這些隱居者被朝廷或官府知道了，認爲清高有才能，就會被徵召或成爲禮聘的對象。流風所及，使一些本來沒有什麼才能的人也跟著裝模作樣隱居起來，以爲仕進的終南捷徑。

曹操出身於地位不太高的宦官家庭，又沒有巖穴隱居而被朝廷公然禮聘的殊榮，因此看看自己，有時不免自信不足。這也是他在洛陽北部尉和議郎任上幹得有聲有色的原因之一。但不論是尉官還是郎官，職位都很卑微，小泥鰍在水桶裡是掀不起什麼大浪的。曹操眞正的夢想是得到一個郡守的位置，那才是一個山頭，可以讓他施展些抱負，做出一些聲譽來。

眞是天從人願。由於靈帝治天下，天災人禍不斷，終於釀成黃巾大起義。這就是曹操的機遇。曹操率兵挺槊陷陣，加入漢軍隊伍。黃巾軍雖然上層準備周密，但隊伍其實只是烏合之眾，因此來得快敗得也快。黃巾起義被漢軍鎮壓下去了，曹操如願以償地獲得了濟南國相的位置。

郡國相當於一個郡的面積，在東漢時期，王國封地相當於一個郡。按照規定，封王只能享受封地賦稅的收入，沒有統治權力。郡國的國相即代表中央朝廷的行政長官，其待遇相當於二千石的郡太守。曹操得此機會，當然喜不自勝，即馬不停蹄的四處視察，想了解吏民情況。

桓、靈二帝流弊，濟南國所轄十縣同樣一團糟。各縣令大多貪贓枉法，對上巴結權貴，

對下魚肉百姓，而歷任相國卻視若無睹。曹操來了，他一點都不氣餒，上奏朝廷，一口氣罷免了十個縣令、八個長中。這一著上下震恐。那些胡作非為的人一看情勢不妙，紛紛遠走外地，境內一時大治。

接著他把清正廉潔有才幹的官吏選拔出來，力圖吏治清明，使百姓安居樂業。

他又整肅境內的民風。漢代各地建家廟的風氣很盛，尤以濟南最甚。十縣之內，家廟竟達六百多座。廟多，祭祀之風也烈。國中百姓本來就生活貧困，如此，更愁苦不堪。曹操到任，弄清情況，即一舉夷平所有家廟，並曉諭官民，不准再因家祭遺害他人。

曹操的這三把斧頭確實砍出了自己為吏的清正之風，也砍出了自己的胸中氣象。只是這麼做也有隱憂，曹操從小機敏，不可能不洞察於未然。因此，當年他就辭官回老家隱居了。

生活智慧

東漢末年，曹操平黃巾，初遂心願。他終於如願以償地獲得了濟南國相的位置。他罷免貪贓枉法的縣令、選用清正廉潔的官吏、整肅境內的民風，他知道他可以施展抱負，做出聲響來。

照顧好底下的人，才能順利往上爬

中國家天下的由來，大約有三種情況：

1.農民造反，殺盡不平而得皇位，如劉邦、朱元璋等人。此一途成功的人極少，似乎也只有劉邦、朱元璋二人而已。

2.地方貴族、權門乘天下戰亂，起兵奪天下。此一途成功的人很多，項羽、曹操、孫權，唐、元、清三朝都屬此列。

3.靠政變而奪權，隋、北宋等屬此一路，此路的人數也不多。

而問鼎天下的三途似乎都需有「農民造反、亂天下」的這麼一個背景。要此乘亂而起的背景，就有一個對農民義軍的態度。態度如何，就像曹操等，沒有農民起義造成的天下危機，他們就不可能成為一代或一方霸主，但他們又似乎從來都是對農民起義採取鎮壓的態度。為什麼呢？中國近幾十年受西方某種學說的影響，說是階級的原因，又好像說不通。劉邦就是憑著農民起義起家的呀，那漢靈帝、漢獻帝當不忘根本，農民一起事，他們就應趕緊傾聽他們的呼聲，以溝通利害，因為他們是一個階級呀！因之，曹操等也應秉持皇帝旨意與農民義軍好生往來。

但皇家與農民之間從來都是鎮壓。雖然也有招安的時候，卻是在皇家、官家力量敵不過，不能不採取軟勢的時候。這是因為一來人性本惡的問題，二來利益分配的問題。

再說階級，農民起義不也是想得天下做皇帝嗎？所以，沒有民主制度的約束，沒有天下皇帝輪流做的體制，今天起義的農民，一旦做了皇帝，明天鎮壓起農民起義比天生的官家還厲害。所以階級不是原因，今天的窮階級，明天可成為富階級，後天也許又會一貧如洗，三十年河東，四十年河西，階級在變，人性卻不太會變動，人性趨利避害之情也不大會變。所以這才是官家必定鎮壓農民起義的原因。解決天下的禍亂，一惟民主制度，二惟個人修心養性，不貪不妄。

因此，身在當時的官家，曹操和黃巾義軍勢不兩立，也就順理成章了。這時，無論是做戰場上的統帥，還是做官府堂上的大官，曹操都已成熟。面對強敵，他設奇計與義軍周旋，日夜進攻，義軍無計抵擋，死傷慘重，只有撤退，曹操揮師追擊，義軍只有投降。

這年冬，曹操得黃巾軍人口百餘萬，士兵三十餘萬。曹操從中挑出精銳部分，組成了他的王牌之師「青州兵」。而如何招降大量義軍，好生安置，而非斬盡殺絕，這又是曹操過人的地方。此時的曹操，帳下已開始人才濟濟，他在兗州可說是已紮下根基，也是該有所作為的時候了。

生活智慧

我們不能要求曹操有佛道胸懷，也不能指望他講求民主。曹操就是曹操。既然他和義軍不能兩立，他就得打敗義軍，也只有於其行動中，我們才能見到他的人生哲學，看到他的英雄面目。

以曲求伸，需要勇者的果斷

曹操在任濟南相時急流勇退，不管他的家庭正處在有錢有勢的鼎盛期，不需害怕他可能得罪不起的一些人，他還是斷然辭官，託病回老家譙縣（故城在今安徽亳州市）去了。

在曹操的人生籌畫裡，此舉有著深遠的圖謀。做為對付現實的一種反應，曹操這麼做至少有三重意義：

1.退隱以博取名聲；東漢時以名士隱逸泉林爲佳事，名重當時，曹操也深爲無此一番經歷爲憾，這回補上這一缺。

2.讓那些他曾得罪過的人，淡忘對他的仇恨，大事化小，小事化無；以免仇越結越深，使身家蒙禍。

3.避亂等待天下清明；因爲曹操和自己同一資格的人做了一個比較，和他一起舉孝廉的，有的人已經五十歲了，尚有進功名之志，而他不過剛到而立之年，即使隱逸二十年再入仕途，也只有那些人剛舉孝廉時的年紀罷了。時間是可以應付的。

所以，他坦然打道回鄉，在遠離縣城五十里的地方蓋了一棟房子。曹操預備在這裡冬夏讀書，春秋射獵，修文練武，充實自己，以圖將

來發展。

　　但由於曹操的家庭地位顯著，加上金城人邊章、韓遂反叛東漢王朝，後馬騰等亦起兵響應。一時間朝廷震動，天下氣氛驟然緊張。在這樣的情形之下，曹操即使想潛下心來做隱士也不能了，何況他實際上只是伺機而動，待價而沽。

　　果然，為應付時局，靈帝緊急網羅人才。曹操此番又在徵召之列，被授與都尉之職。都尉是郡一級的最高軍事長官，這就是曹操以退為進的結果。這一步對曹操來說十分關鍵。因為中國歷史的特殊性，以文士、文官而圖王霸大業的從來沒有，而擁兵稱王的比比皆是。所以，雖然說他的官職並未提升，但卻使他有機會成為漢末的第一軍事強人。

生活智慧

　　在曹操的人生籌畫裡，斷然辭官，託病回老家，有著他的深謀遠慮。這就是曹操，看準了，就不計一時的得失。以退為進，以曲求伸，恰恰是勇者的果斷，智者的機巧。

冀州刺使王芬聽信術士的話，認爲天象變化，宦官黃門厄運當頭，閹黨到了滅族的時候了！所以王芬聯絡許攸、周旌等人，同時結交若干地方豪強，欲以鎮壓黃巾餘部黑山義軍爲名，上書靈帝，請靈帝北巡河間，趁機發動政變，廢除靈帝，剿滅宦官，另立合肥侯爲帝。爲了集結力量，王芬看中了有勇謀，且手握兵權的曹操，相約起事。於是曹操就說了這一番話：

「夫廢立之事，天下至不詳也。古人有權成敗，計輕重而行之者，伊尹、霍光是也。伊尹懷至忠之誠，據宰臣之勢，處官司之上，故進退廢置，計從事立。及至霍光受託國之任，藉宗臣之位，內因太后秉政之重，外有群卿同欲之勢。昌邑即位日淺，未有貴寵，朝乏讜臣，議出密近。故計行如轉圓，事成如摧朽。今諸君徒見曩者之易，未睹當今之難。諸君自度，結眾連黨，何若七國？合肥之貴，孰若吳、楚？而造作非常，慾望必克，不亦危乎！」

從這段話中，我們可以看到從感情上曹操是傾向王芬的，但要從靈帝頭上開刀，並非易事，而宦官是受靈帝支持的，不動靈帝的位置，又怎奈何閹黨？二者相連，王芬想一箭雙鵰，曹操認爲必敗無疑。

當斷則斷，強求虛名不

前人行廢立，最成功的只有伊尹、霍光二人而已。伊尹是商的開國老臣，霍光是漢武帝領兵重臣，以王芬一個地方長官與伊尹、霍光的地位相比，其威望相距何其遠也。所以，曹操告誡王芬說：「你們這樣拉一幫人馬，和漢景帝時吳楚七國叛亂不是有些相似嗎？再說合肥侯之尊貴也還遠不及那時的吳王劉濞、楚王劉戊吧！如果這樣，那你們的行爲不是很危險了嗎？」

這個揣想是肯定的。後來曹操在群臣勸他廢漢以自立時，他說：「若天命在吾，吾爲周文王矣！」這已經不是伊尹、霍光之徒，又往前走了很遠。

這是後話。只是王芬不聽曹操的告誡，後來事洩，棄官逃走，天網恢恢，已不復有生路了。而曹操由於明於形勢，當退則退，當斷則斷，有勇有謀，到中平五年（公元一八八），一躍而進入靈帝西園新軍的統帥部，即「西園八校尉」。曹操被任命爲「典軍校尉」，他的同僚爲上司即大將軍何進，虎賁中郎將袁紹這些人。

實際上，曹操以三十三歲的青壯之年，得以進入漢靈帝的最高軍事領導集團，這對他後來首倡討伐董卓，號令天下，乃致掃滅北國群雄......等等，都是極爲重要的一步。

生活智慧

曹操在分析古今廢立的條件上，周全具體，已初見其謀略大將的神采。事後的曹操明於形勢，當退則退、當斷則斷、有勇有謀、冷靜清醒、深謀遠慮、不僥倖事功、不汲汲虛名。雖如此這般，我們似乎隱約可看到在他幽深的城府中，也透露出一股雄武之氣，和朦朧的願望。

大局未定前勿強出頭

汴水之役的落敗讓曹操面臨一次人生的選擇。他向會盟諸將建議道：

「袁本初（袁紹）率河內之眾駐守孟津，其餘諸將駐守成皋、敖倉、轘轅、太古，袁術可率南陽軍隊駐守丹水縣和析縣，並開進武關以震懾三輔。大家深溝高壘，不同敵兵交戰，多虛設疑兵，以示群雄同慨。義師共討逆賊之勢。如此，天下很快就可以平定。現在，諸君以誅董賊之名起兵，至此又各懷一心而停滯不前，我實在為大家的行為而羞愧！」

曹操所說孟津各地，形勢險要，歷來為兵家必爭之地。如果按照曹操的安排，則形成對洛陽的包圍之勢，並威震長安三輔，瓦解董卓西北軍的士氣。此不僅有不戰而屈人之兵的深意，也照顧了關東諸將各保實力的心理。

儘管這好像是曹操信口說出的一個設想，而且關東諸將根本不理睬曹操，也永遠只是一個設想，但這個設想非同小可，至少表現了曹操運籌帷幄的能力。而於曹操，既然是深思於心的，當然也不會輕易放棄。於是曹操北歸不再去酸棗，而是去河內，想爭取駐紮在那裡的聯軍盟主袁紹的支持。然而出乎曹操意料的是，袁紹想的完全是另一碼事。不僅如此，袁紹還想曹操支持他。

袁紹想的是什麼事呢？

東漢時讖緯盛行，讖緯本可揭示天機大道，但也非常人智力可及。而此時有些人為了某種目的，利用讖緯大造符瑞，說某人某人應得天命而登大位。又古星相

家把天象和地面上的若干地方配合，劃定分野，當時剛好有四顆星在屬二十八宿的箕尾二宿之間匯聚，箕、尾所應地面分野也，即燕地，就是幽州，而當時的幽州牧正是皇族劉虞。編出這一套神話的目的就在於暗示劉虞應當為皇帝。

　　而這一套正應了袁紹的心思，他覺得這正是自己發展勢力的好機會，因為做為「四世三公」後裔的勢力也正好在燕一帶。這樣，袁紹儘管懇切、周到談自己的籌畫，不斷殷切地鼓勵他，他卻只推託獻帝年幼，困在董卓手中死活不知，他應當另有所圖。並同冀州牧韓馥一起謀立幽州牧劉虞為帝，並私刻金印，派人勸劉虞稱帝，稱說是上天的旨意。同時他們還拉攏曹操，要曹操的主意。曹操當知道了這些底細後，即明確的反對：

　　「董賊之罪，國人盡知，我等興兵合眾，天下無不響應，這是因為我們是為國除暴。如今皇帝年幼，為奸賊董卓控制，還沒有像昌邑王那樣破壞國家制度的錯誤，如果草率廢除了，那天下誰能夠安心呢？要真是這樣，諸君面北，我自向西！」

　　曹操這裡說的昌邑王，即是霍光先立後廢的劉賀。諸君面北，我自向西，即說各

位向北朝拜劉虞為帝吧，我依然要向盤踞在西邊長安的董卓進軍，迎回獻帝。「北面」一語雙關，中國皇帝南面而坐，官吏北向朝拜，劉虞是幽州牧，正好是北方。

袁紹當時似乎還不死心，一次他還拿出一塊玉印給曹操看，說是他近來得到的，因為玉印只有皇帝才有，人家無端送他一塊玉印，這豈不是好兆頭嗎！袁紹當個寶貝在曹操面前撥弄。不料曹視之如兒戲，大笑說：「我不信這一套！」

袁紹大為尷尬，又私下派人往見曹操，要曹操歸附自己。來人陳說利害道：「袁公一門四世三公，如今兵力最強，兩個兒子也長大成人。試放眼天下英豪，有誰能與之比高下呢？」

曹操沒有作聲，大約是承認袁紹現在的勢力，不作聲自然也是說，天下事還沒定哩！只有曹操已看清，關東諸將已沒有一個以漢家天下為己任的人了。這樣，他只有和他們分道揚鑣，不過他心裡面已開始防範袁紹成為第二個董卓了。

生活智慧

曹操已看清，關東諸將沒有一個以漢家天下為己任。所以，他只有和他們分道揚鑣，這是曹操很重要的一次人生選擇。他說：「諸君面北，我自向西！各位向北朝拜劉虞為帝吧！我依然要向盤踞西邊長安的董卓進軍。」他知道天下的事還沒有定哩！

用智力戰勝武力

　　曹操於官渡之戰擊敗袁紹之後，又相繼平定河北，這時袁家只剩袁熙、袁尚兄弟二人了。袁氏兄弟兵敗國破，無處投靠就去了烏桓。烏桓，即烏桓山，在今遼寧昭蘇達盟阿魯科爾沁旗附近。東北方諸族因在西漢初年被匈奴擊敗，逃難到烏桓山，因之即以山爲族名、國名。此地處塞外，從中原去那兒道路凶險，袁氏兄弟跑到烏桓大約也是比較保險的了。

　　但東漢以來，烏桓向來就是國家的一塊心病。他們吸收中原文化，完成了從原始矇昧到國家文明的過渡，逐漸強大起來，就和匈奴聯合，不斷侵略漢朝，邊塞各郡不堪其苦。東漢王朝也很是爲之頭痛。曹操和袁紹在關渡對峙時，烏桓也曾派兵將幫助袁紹，所以走投無路的二袁去投奔了烏桓，也就出乎這種歷史與現實的考慮，曹操下決心涉險遠征烏桓，一爲邊塞長治久安，一爲消滅袁氏殘餘勢力。因爲袁氏在河北經營的時間長，袁紹及其部下高明的謀士給河北到底做了許多好事，尚有民心。如此，留下二袁在烏桓，則就有捲土重來的危險。

　　曹操冒險出征，用奇計穩住烏桓人，又用名士田疇做嚮導，用長途奔襲的戰術，從小道一舉擊敗烏桓，使二十萬人歸降。這樣袁熙、袁尚又無安身之地，只好帶了幾千騎兵逃往遼東郡，投奔遼

東太守公孫康了。

到這時，曹操的卓越處又表現出來了。遼東郡治所在襄平縣，即今天遼寧省的遼陽北。公孫康父公孫度，曾自立為遼東侯平州牧。康繼父業依然割據一方。曹操曾攏絡公孫度，表他為武威將，封永寧侯，公孫度不領情，說自己想做遼東王，一個永寧侯算什麼。公孫康繼位，卻把永寧侯的印綬從武庫中取出，給了他弟弟公孫恭。公孫康的歷史背景與曹操的關係大抵這樣。

當二袁投遼東時，有人即勸曹操乘勝追擊，捉拿袁氏兄弟。曹操說：「我要公孫康把袁家兄弟首級送來，用不著再勞動大軍遠征了。」

果然，曹操班師途中，公孫康就把袁家兄弟及其重要將領的首級送來了。眾將與謀士大惑不解，莫名其妙，不禁想知道原因。

曹操就說：「公孫康一向疑懼袁尚等人，袁尚等窮途投靠，我們要是逞兵威，他們就會聯手對付我們。但我暫時不去攻他，讓他們自相殘害，二袁被擒斬首就勢在必然了。」

眾人大悟，恍然中莫不敬服。事實確如曹操所料，公孫康擔心曹操征討，接納二袁等，待等到曹操已從柳城（在今遼寧錦州市內）撤軍，馬上意識到自己的大患不是一曹，而是二袁。袁尚和袁熙私下約定，公孫康請他們兄弟赴宴，即在席間殺死公孫

康，佔據遼東，再圖發展。而公孫康也有準備。二袁走進宴會場，還未落座，公孫康大喝一聲，刀斧手一擁而上，將二袁綁了，扔在地上。袁尚當時凍得發抖，央求公孫康說：「我還沒有死，實在冷得受不了，望給張蓆子墊在地上。」公孫康冷笑著答道：「你腦袋就要被割下送到遠處，還要蓆子幹什麼！」

可憐袁紹一門，數代顯赫，輪到袁尚輩，雖有膽力，就是見識差了些，遭此世亂，竟落得如此淒惶。二元梟首，公孫康因此得任左將軍，封襄平侯。

生活智慧

曹操知人知世，不費一兵一卒，不戰而勝。曹操說「吾任天下之智力」，也就是說他要使用、統馭天下智能之士與勇力之士來成就一番事業。從他坐定遼東的一番作為，可以看出曹操智力之不凡。

勝一人難，勝二人易

《三國演義》上有這樣的一個細節，曹操與馬超在潼關之下對峙，探馬來報韓遂率十萬大軍增援馬超，曹操聽了開懷大笑，眾將不解。後來曹操自己解釋說：「勝一人難，勝二人易。」正史不見這樣的記載。

當時正是曹操擊敗馬超、韓遂的渭南大捷之後。回想幾個月來的兩軍交戰情況，雖然打勝，但一些將領對曹操的戰略戰術仍不理解，有人就問：「仗一開始打起來的時候，敵人佔守潼關，渭水北岸防守空虛，主公不從河東渡河西擊馮翊，卻屯兵潼關之下與馬超對立，待廝殺了許多時日才去渡黃河，這是什麼道理呢？」

渭南之捷是曹操赤壁敗北之後所取得的一次大勝利，對掃除大家心頭的陰影，對徹底解除曹操在西北的軍事威脅有巨大的意義，所以，曹操這時也挺開心的，並振振有詞地回答了大家。他說：「敵人擁兵守著潼關，渭北以北防守雖然空虛，但我們要是對河東用兵，對方必定分兵把守黃河邊上的各個渡

口，這樣，我們想要渡河也渡不過去了。所以，我只屯兵關下，做出持久攻堅的樣子，使敵人也把兵力集結到潼關上來，使黃河西岸的防守真正處於空虛無備的狀態。這樣再出其不意地讓徐晃、朱靈二將軍領兵渡河，因之便不費什麼力氣就攻佔了黃河西岸。由於徐晃、朱靈在河西站穩了腳跟，他們有戰鬥力，因而也就可以成功地牽制敵人，我大軍也就可以順利地北渡黃河。如此，若急於做成，則欲速則不達，緩而圖之，反可迅速奏效。過了河，我軍又以兵車相連，建起柵欄甬道，使兵士穩固向南推進。敵人見狀以爲我軍怯戰，弱而不足慮，而大軍有柵欄掩護又使敵人無法攻擊。渡渭水之後，我大軍又深溝高壘，堅守不戰，是爲了進一步使敵人產生驕慢輕我的心理。令人失笑的是，馬超無謀，如此局面他不去率領兵卒加固城防，添築堡壘卻要來找我們割地講和。答應他求和的要求，實際也是爲使他們鬆懈戒備，我們也獲得休息的時日。到後來，有了機會，我軍捏成拳頭，迅猛攻擊，立即產生『迅雷不及掩耳』

的效果。這箇中用兵之道盡在變化與以變應變之中。」

諸將聽完，恍然有所領悟。但戰事初起，關中諸路人馬每到一部，曹操都喜形於色，諸將不懂，又問道理。

曹操解釋說：「關中是一個大平原，如果馬超、韓遂等各自守住險阻，大軍一個個地去攻打，攻城奪隘，艱苦尤甚不說，時間少說也得一兩年。而他們卻自己集中到一塊兒了，人數固然多，好像很強大，卻實際是一盤散沙，沒有一個統一的指揮，卻可能互相牽制，這就使得我們有機可乘，一舉消滅他們，這就比一個個地去收拾他們方便多了，我怎麼會不高興呢？」眾將敬服。

生活智慧

曹操是不可多得的帥才。遠涉山川，馬超、韓遂又不是尋常對手，曹操自己對馬超的評價也是：「馬兒不死，我無葬身之地矣！」英雄固然有虎膽，但到底也是尋常的血肉之軀，哪有不畏敵的！畏而不怯，於黑雲蓋頂時，尤能見雲際之外的勝利霞光，這實在是曹操為帥的魅力所在。這就是曹操實施「勝一人難，勝二人易」的策略過程，很值得我們玩味。

三分天下，相互抗衡

　　論三國曹、劉、孫三人，可謂各有千秋，很難說誰高明些。但相對來說，曹操的軍事指揮才能，處事臨機應變的才能，乃至政府體制建設的能力，明顯地則比孫、劉強得多。

　　尤其曹操的軍事才能，在整個中國軍事史上他都是第一流的，能出其右者寥寥可數。他真正的失敗是赤壁之戰和放棄漢中這兩次，但真正的慘敗實際上也只有赤壁之戰這一次。爭漢中雖然也是敗局，但撤軍之時遷走當地的大量百姓，這也給後來諸葛北伐留下了隱患，所以還不能說完全是失敗。

　　當然，曹操的文學才華更不用說。

　　孫權是一個守成的主子，歷來史家對他似乎並不看重，但孫權也有許多曹、劉不及的地方。他一生固然沒有曹、劉那樣具有傳奇色彩，也沒有曹操那麼多戰場實績，但也絕對沒有曹操與劉備如赤壁和彝陵那樣的慘敗。他兢兢業業、知人善任，從容應對曹、劉，連曹操看到他的軍容都感嘆：「生子當如孫仲謀！」撇開敵國相爭利害情感，僅以惺惺相惜眼光看對手，曹操這種長者之嘆可謂對孫權讚許有加。

　　再說劉備。論其人才，在軍事上他是不能和曹操相比的，大的戰役他幾乎沒有勝績可言，彝陵之敗幾欲斷送蜀中江山。但他愛民如子，忠義待人，禮賢下士，敗而不餒，愈挫愈戰，這又是曹、孫二人所不及。他讓人聯想到時勢給人的機遇是不平等的，想到人才、抱負是重要的，但人才要實現抱負，也需要條件。

　　想劉備一介草民，從零做起，在群雄爭戰之

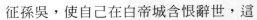

中，他要趕上曹、孫，該
經歷多少艱難，後來雖有
諸葛亮扶持，但也只能讓
人家佔盡天時、地利，而
自己則只有秉一份人和，行
聯吳抗魏之策，去蜀中闢一方
天下。後來又竟以一己義氣，東
征孫吳，使自己在白帝城含恨辭世，這
厄運的影響直使諸葛亮病故五丈原前線。這於劉備、孔明做爲一人生結局，沒有什
麼，我們應與孫、曹一樣待之。

曹操，你在說什麼？

論三國曹、劉、孫三人，曹操的軍事指揮才能，處事臨機應變的才能，乃至政府體制建設的能
力，明顯地比孫、劉強許多。尤其曹操的軍事才能，在整個中國軍事史上他都是第一流的。

發現人才重用之

正視人才作爲人的實際情況，曹操表明了務實的態度，他採「取用其長」，以及「取大不計小節」的原則，所以提出惟才是舉，不僅淡化了德才矛盾，甚至可以說是在取消道德要求的勇氣之上，因功利與目的的原則，使之在事業的境界上達到德才統一，德才合一。

這是一種智慧，一種高明。從來成熟的政治家，高明的軍事家都是這樣。正是在這個基礎上，曹操在三道求賢令中開列一串有大才同時也有大缺點的人物名單。事實就這樣，歷史以其輝煌的成就，原諒、隱逸了他們出山之前的不足，那麼後來的人爲什麼不給人才以創造歷史輝煌的權利呢？

並且，這恰恰又是事業的需要。這才是最爲重要的。所以曹操說，自古以來無論開國之君主，還是中興的帝王，哪一個不是得到賢人的相助，而完成大業的？而那些賢才，又往往是埋沒在人群中，出沒在街巷里弄的百姓裡，他們的臉上並沒有什麼特定的標誌，並不是僥倖能碰到的，而是要當政的人細心訪求。所以曹操特別提到管仲、蘇秦、陳平這些人，這些明顯有大缺點，卻又是大才的人。

管仲年輕時就有貪財好利的毛病，他同好朋友鮑叔牙合夥經商，他總是佔鮑叔牙的便宜。分利息時，他拿了自己的一份不說，總是還要鮑叔牙的那一

份也搾一點去。因此名聲不好。並且他還是齊桓公的政敵，對齊桓公有一箭之仇。但就是這位毛病不少，才幹也超人的管仲，提出了「尊王攘夷」的主張，幫齊桓公九合諸侯，完成齊桓公的霸業。

蘇秦說不上是一個守信譽的人，也沒有確定的政治操守。他曾以連橫說秦王，被秦王婉拒。後又以合縱說關東六國，佩六國相印。秦破壞六國合縱，齊國攻取燕國十城，就是這位蘇秦憑三寸不爛之舌，讓齊王歸還燕國十城。且阻遏了強大的秦國對關東六國的侵略，使戰亂頻仍中的百姓過上了十幾年的安定日子。這都是蘇秦的功勞呢！

陳平似乎天生是個壞胚子，長得一表人才，卻有和自己嫂嫂私通的惡名，擔任一點社會職務，又守不住困窮，接受人家的賄賂。漢高祖劉邦沒有計較他，反倒重用他，就是這位「盜嫂受金」的陳平，在劉邦死後，呂后當政，漢家天下岌岌可危的時候，他沉著運籌，一舉誅滅諸呂勢力，迎漢文帝登位，又任國相，使漢家天下安全渡過了「瓶頸期」。

還有吳起殺死妻子換取個人信譽，韓信乞食漂母，又受胯下之辱，被人恥笑等等，都是以大才伴著大缺失而走向事業輝煌的。

所以，從「事業」和「人」這兩方面來講，苛求是沒有必要的，求全等待則更是愚蠢。因為使用人才本身就有個「利益」的原則，和「再造人生」的前景。

用人才是為了事業的發展，並不是為了要一個十全十美

的人，當然有十全十美的完人很好，如果一時沒有，硬是要不顧事業，硬是要像尋找「夢中情人」一樣去尋找，豈不捨本逐末。況且，壯麗的事業本身也可以使人才美好的素質得以完善的發揮，使其人品更趨完善。

生活智慧

惟才是舉，淡化了德才的矛盾，因功利與目的的原則，使之在事業的境界上達到德才統一，德才合一。這是一種智慧，也是一種高明。所以我們說發現人才、重用人才，可再造人生。

至德難求，但別缺德

不仁不孝，而有治國用兵之術，勿有所遺，一切惟才是舉。由於曹操的大力提倡，和他的各級政府的紮實工作，曹操在這一方面眞是相當充分的施行了。一大批出身低賤，德行有缺的人才都走到了曹操的周圍，成爲曹操營壘中的重要人物。

像曹操的同鄉丁斐，在曹操手下當典軍校尉，曹操對他可謂言聽計從。但丁斐生性貪利，建安末年隨曹操大軍征討吳國，就趁機將自家的一條瘦牛和公家一頭壯實的牛掉換。爲此丁斐被免了官。曹操還和他開玩笑，問他的印綬到哪裡去了，丁斐也不慚愧，反說：「拿去換大餅吃了。」曹操聽罷大笑，對身邊的人說：「毛玠多次向我進言，要我重重處罰丁斐。我哪裡不知丁斐愛貪小便宜，只是我有丁斐，就像人家有會捉老鼠，但又愛偷嘴的貓一樣，偷嘴雖然也造成一些損失，卻可以使我的東西保存完好。」

從這件事情我們可以看到曹操的態度，他對身邊有才但有缺點的人，做得多麼好，說的話又是如何的入情入理。

但這樣說並不意味著曹操心目中的是非觀念淡薄，完全漠視人

才德行這一方面。或者淡化德才矛盾，甚至取消德的考察和要求，是為了在實現事業的基礎上，使才與德獲得統一，從而再造人才的人生。

這應當說是一種善行，也是一種境界。但不是說在走向這一境界的途中，沒有一種尺度的把握，以致於在惟才是舉之中，使事業成為藏污納垢、邪惡敗類廩集的淵藪。

恰恰相反，人們所理解的才或人才，自然包含著可觀的德行：如果是有德的人，也同樣意味著有可與德行大體相當的才幹。而做為一種哲學的抽象和把握，說「賊是小人，智過君子」，也是一種才，這僅僅做為一種說法，當然也是成立的。但平常人們議論，甚至在薦賢舉能時，決不會去舉薦一個賊。這在常理中。因此，曹操在再三下達求賢令中，也斷然不敢忘記德這一條。只是在形勢逼迫之下，惟才是舉顯得特別重要。因此，在第三道求賢令中，他就把「至德之人」放在首位提出來。當然，依照我們的理解，這種「至德」之後也是應有著盛才才對。歷來，至德與至才能達到統一的人也時而有之。不過相對於芸芸眾生，真是鳳毛麟角，變成一種人才的理想。但這也不是不存在。比如商湯時代的伊尹，西周初年的周公，同時代的諸葛亮，乃至於曹操尤為看重、敬慕的關羽等等都是。

正因為強調至德的人，曹操對關羽的不辭而去，他不僅不追殺，反倒以禮相送。

所以曹操打敗了袁紹，卻傷心地上袁紹墓前祭奠。所以關羽故主劉備在曹公心中的位置，在英雄相惜亦相敬的時刻，也正是他曹操本人的位置。若有天緣，關羽忠於劉備，未必不是忠於他曹孟德。

生活 智慧

用人才是為了事業的發展，並不是為了要找尋一個十全十美的人，當然有十全十美的完人很好，如果一時沒有，硬是要不顧事業，求全責備，豈不捨本逐末。雖然如此，曹操在再三下達的求賢令中，也斷然不敢忘記德這一條，在第三道求賢令中，他就把「至德之人」放在首位提出來。所以說，德、才雙具的人難求，但也要求。

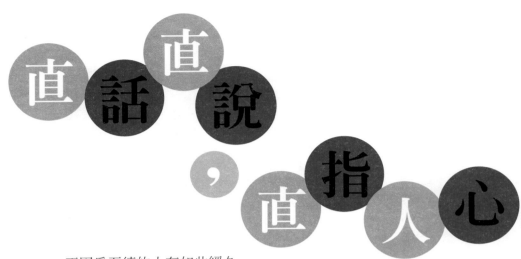

曹
操
，
你
在
說
什
麼
？

正因爲至德的人有如此經久
的魅力，傳統德才風範有如此經久的魅力，因而，古之
名士，古之大賢往往也成了至德的代名詞，成爲後來仿效者的表率。也使後來人能名
齊古賢即爲莫大光榮與鼓舞。

也正因此，古之至德之人也成爲曹操表彰時賢，要求時人的模範。
他曾下達崔琰這樣一道手令：「君有伯夷之風，史魚之
直，貪夫慕名而清，壯士尚稱而厲，私可以率而已。故授
東曹，往踐厥職。」──＜受崔琰東曹掾教＞

崔琰其人，起初在袁紹部下做事，後來才到曹操陣
營，當過曹丕的師傅。崔琰不僅是個美男子，威嚴莊
重，而且行爲端正，性情耿直，敢作敢爲，人們對他
都非常敬重，連曹操也敬畏。

當初曹操剛擊敗袁紹，考查冀州戶籍，看到冀州人
口眾多，可徵三十萬兵員，曹操由衷地高興，說冀州
「眞算得上是一個大州啊！」

對曹操這樣的情態，崔琰糾正曹操說：「如今天下分崩離析，袁家兄弟互相殘殺，冀州百姓家破人亡。今王師打破冀州，沒有傳播仁德，安撫百姓，把人民從水火塗炭中解救出來，卻一開始就在這裡算計如何擴充兵員，以之為當務之急，這難道是冀州百姓所希望您的嗎？」

一席話使在場的人一個個聽得驚恐失色，都為崔琰捏了一把汗，以為崔琰要倒楣了。曹操聽了卻立即肅然，得意之情為之一掃，趕緊承認自己失態，並感謝崔琰指點。

崔琰作為一名官吏還有知人之明。他年輕時同司馬朗是好友，那時司馬朗的弟弟司馬懿還年少，但崔琰就看出他內在的素質，認為其人深沉果斷，大有作為，司馬朗不一定趕得上。當時司馬朗不以為然，崔琰卻說必定如此。後來證明崔琰別有見地。還有他的堂弟崔林，年輕時平平常常，連同族的人都不把他當回事兒。崔琰卻預言：「這就是所謂的大器晚成，他終究會有很大的成就，為大家所不及。」

孫禮、盧毓初到司空府任職，崔琰就看出：「孫禮通達剛烈，辦事決斷；盧毓清醒明智，百折不撓，都是三公之才。」

後來果如其言，孫、盧二人都官至宰輔。

正因為崔琰有如此德才，曹操便任他為東曹掾，專管二千石以下軍政人員升降工作，並給他下了剛才那道褒揚又勉勵的教令。

教令說崔琰有古代大賢人伯夷的作風。伯夷是商末孤竹國君的長子，孤竹國君死後，他跟弟弟叔齊推讓國君的位置，不爭權利，棄國出走。後來周滅商，他們為忠於故國，保持名節，不吃周朝的糧食，雙雙餓死首陽山。還說崔琰像春秋時衛國大夫史魚一樣耿直。這位耿直的史魚，死前對他兒子說：「我多次推薦遽伯玉之賢，主上卻不引進。彌子瑕無能，卻不能免職，做為臣子不能進賢才，斥退不肖之徒，死後也不應停屍正堂……。」後來孔子讚嘆說：「直哉！史魚！國君有道，他正直得像一枝箭，國君無道，他還是正直的像一枝箭。」

這就是曹操的又一種人才標準，一種相對於有缺陷的人才的一種更完全的人才思想。

曹操認為崔琰是至德的人，他的操守與耿直可做表率，貪婪的人將因敬仰他而清廉自守，壯士也因崇敬他而更加奮發自勵。崔琰確有伯夷之風，史魚之直，稱之為「至德之人」無愧。

曹操力倡惟才是舉，並且確實也擁有了天下一半的人才，這與他搜羅人才的方法大有關係。正是他的那些方法、措施才使得他的惟才是舉的方針落到實處，同時，唯才是舉又成為他本人乃至他的僚屬不斷追求的目標。因為不管做任何事情，方法總是和目的，乃至人生態度相聯繫著，所以，看處理一件事情的某種方法，尤其是人事的方法，觀其人大有必要。一個人在理論上怎麼說，是一個方面；在實際上怎樣做，又是另一個方面。如何把願望、態度、理念變成現實，這就要從思和行兩方面去完整地把握一個人他側面的人生情景。對曹操來說，人才這方面也是如此。

體現曹操惟才是舉方面，羅致人才最一般的方法是徵召。徵召一法對曹操最為便利。因為儘管天下破碎，群雄割據一方，但漢家王朝還在，大家名義上還是尊奉獻帝的，而曹操便是獻帝的丞相。因此，他便不僅可以徵召自己轄區的人才，也可以徵召他的敵人佔領區的人才。如華歆、王朗、虞翻等人，或為東吳部屬，或為孫氏直接控制，曹操則以朝廷名義徵召。如張紘替孫策出使許都，曹操即任為侍御史，把張紘留在許都為他做事。後來又委以使命，讓張紘回到孫權部下供職。

徵召一法最讓曹操盡心盡力的還是對那些隱士。隱士可以說是中華民族最具智慧德行的一群，古已有之，著名的如許由、巢父等。到東漢年間，隱逸之風大盛，隱士尤被人看重，曹操本人就很艷羨隱士，並稍稍嘗試過癮士的生活。隱士的特點就是超凡脫俗，孤

高自許，箇中高士尤爲返璞歸眞，大智若愚。因此徵召他們尤其要眞誠。曹操當然深知箇中奧妙。因而徵召那些隱士，態度尤其謙恭，禮數十分周到。有時爲求一隱士出山，三番五次，不厭其煩。像邴原、管寧等避亂江東，張範等避亂揚州，曹操都把他們徵聘出山。

與徵召相輔的方法是推薦，因爲對衆多的人才來說，只有有人推薦其人，徵召才有了對象。推薦主要是曹操屬下向他介紹某人才德如何，或者可以這麼說，推薦對曹操羅致人才是一個更爲重要、更見成效的一種方法。

部屬推薦準確、得力，當然還要做主的人虛懷若谷、求賢若渴地接受才行。如果這也不放心，那也信不過，甚至還要懷疑推薦者的用心，或者用了被舉薦的人內心又不安，這樣人才也會得而復失。由此，我們也可以看到曹操其人的心胸。

生活智慧

大凡成功的軍政人物，常常也是最踏實的人物。當然在其德行方面會有高下之分，但在踏實、不尚空談、不眈玄想方面，大家卻是共同的。

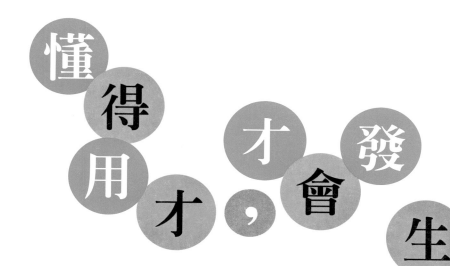

懂得用才，才會發生效益

　　有關曹操部下人才的來源，概括來說，可以分爲下列數種情況：

　　1.追隨他於己吾起兵的亳縣子弟，尤其是曹、夏侯兩姓子弟，素爲曹操倚重的心腹骨幹。

　　2.徵召來的。

　　3.嚮往曹操的事業，自動投奔者。

　　4.從敵人營壘中過來的。

　　各方人才不斷歸向曹操，固然是由於曹操「任天下之智力」的戰略思想，和惟才是舉的人才方針，更重要的還在於曹操讓人才能有用武之地，大抵做到來之、安之、用之、放手之，使人才感到在曹操麾下能有成就感。

　　這一點，郭嘉的際遇最有說服力。郭嘉原是要跟定袁紹的，但他發現袁紹只想效法周公禮賢下士，卻並不會用人才，因此就投奔了曹操。只

和曹操談了一席話，郭家便感動地對別人說：「這個人才不枉我終生侍奉。」

還有張遼、徐晃、張郃等一代名將，如果照他們以前所追隨的呂布、楊奉、袁紹等主人，也決不可能有如張遼等名揚天下的成就。這一方面是因為曹操後來家大業大，人才能有施展的地方，因而才有張遼等的魚龍變化。但另一個原因自然得歸功於曹操了。如果不是有曹操的信任，哪裡還有張遼擊敗孫權，徐晃破馬超、敗關羽，以弱勝強；張郃馳騁沙場，連諸葛亮都讚嘆其勇等事情發生呢！

對於曹操用人才信之、任之、放手之，一代才子王粲有個評說。這是在曹操奪取荊州後，在漢水濱大擺筵席慶功時所說的話，大意如下：「袁紹起兵河北，仗著自己地盤大，兵多將廣，虎視中華，想一下子攬入懷中。但他於人才一事做得不好。他喜好賢才卻不能夠使用賢才，所以人才都紛紛離開了他。甚至十分忠實於他的田豐、沮授，都不能容忍。劉表在荊州坐觀時局變化，自以為是在步周文王的後塵。其實到荊州避亂的士人，都是國中的佼佼者，劉表卻不曉得啓用他

們，所以到後來他的兒子連他的基業也守不住了。因為沒有人能幫上他的忙。」

王粲說：「曹公平定冀州之後，立即整頓武備，招納賢傑，並放手使用，所以戰必勝，攻必克。而平定荊州之後，又大量進用賢才，把他們安排在顯要的位置上。文士與武將同心，英傑與豪雄合力，這正是夏、商、周開國之君才有的舉措啊！」

生活智慧

王粲的話，把曹操與袁紹、劉表進行比較，他指出曹操求賢若渴，知人善任。諸葛亮也說：「曹操比之袁紹，兵少將少，但曹操還是打垮了袁紹，原因在於曹操的「不惟天時，抑亦人謀」，所謂的「抑亦人謀」，就是說曹操善於任天下的智力，天下的人才，謀之、圖之、勝之。

別具慧眼，識人才

曹操的三通求賢令，雖然文字都不長，但可說是字字好文章，句句好見地。試品味幾則：若必廉士而後可用，則齊桓其何以霸世！今天下得無有被褐懷玉而釣於渭濱者乎？又得無盜嫂受金而未遇無知者乎？

真是曹孟德之語，別人是說不出的。說實在的，如果人才一定要乾乾淨淨、清清白白、唯唯諾諾，只怕天下也沒有什麼大事業了。所謂水太清則無魚，人至察則無徒，只是千里馬常有，伯樂不常有！

夫有行之士，未必能進取；進取之士，未必能有行也。士有偏短，庸可廢乎！有司明思此義，則士無遺滯；官無廢業矣。

人的才具也真奇妙，有的人看上去怎麼看怎麼舒服，就像一碗溫熱水，四時八節都喝得，老少婦孺都對味，但就是做不得事，做什麼就砸什麼，叫他們看門，他們偏偏把自己的親屬當小偷。而有時人才也真像刺棍，雖管用，但挺扎手。人們都抱怨官府辦事效率低，也許那裡面坐的菩薩不靈，但一個個石頭雕的，泥巴打的，挺沉重、挺穩實的。雖不靈驗，接受施主香火卻挺在行。如果是這樣，豈不是誤了人才，塞了賢路，更誤了國家大事！

所以曹操出語更加驚人：「今天下得無有至德之人放在民間，及果勇不顧，臨敵力戰；若文俗之吏，高才異質，或堪為將守；守污辱之名，見笑之行，或不仁不孝，而有

治國用兵之術。其各舉所知，勿有所遺。」

　　真可謂有包藏天地之心胸，轉腐朽為神奇之宏圖。只是尋常官吏哪有這份通達的心思與見地完成呢？所以曹操因之也慨嘆：「人才難遇魏無知也！」換句話說，律令到處，各級政府，各位官員，何妨都去做一個魏無知呢！

　　魏無知何許人也？漢高祖帳下的伯樂也。《史記‧陳丞相世家》記載，魏無知把陳平推薦給劉邦，劉邦讓陳平做都尉，就是郡一級的最高武官。陳平幹得也出色，但劉邦卻在周勃、灌嬰那兒聽到一些關於陳平的壞消息，說他在家裡的時候，曾和他嫂子有一手，當都尉後又接受各位將領的賄賂。劉邦聽了周勃、灌嬰二人這麼一說，立即發怒，找到魏無知劈頭蓋臉就責備他說：「你這魏無知，怎麼把這樣的一個人推薦給我？哼！」

　　魏無知回答得好：「現在楚漢相爭，最需要的就是人才，而不是去計較其他。我向大王推薦的就是人才。陳平的才幹對國家有好處，能派上大用場，大王缺少的就是這個。就國家的利益和人才難得來說，他盜嫂受金又算得了什麼呢？」魏無知真是深明大義，懂得利害，大處著眼，實處著手。而劉邦也心有靈犀一點就通。

　　自然，在曹操身邊不乏魏無知類之一流人物，像荀彧、郭嘉、崔琰等知人識才，

就給曹操推薦了不少治國用兵的高明之士。只是三國紛爭，各顯神通，任有通天本事，都嫌力不從心。所以，人才還是不夠用。在求才若渴的情形下，曹操想到別具慧眼識人才的魏無知，心中不免感到遺憾。

生活智慧

千里馬常有，伯樂不常有。在現今的民主社會裡，有人認為這樣的遺憾應該不復存在。因為機會均等，權力平等。但真實的情況是，公平中有詐欺，競爭中有壓抑人才的現象，因此這時候也需要魏無知這樣的人。

步步為營，慢慢佔領

曹操派曹洪領兵迎帝，遭到護駕諸將拒阻，使曹操的計畫擱淺。但是機會馬上就來了。

護駕諸將是一個簇擁在獻幟下的聯合體，互不統屬，且無一人具統御局面的心胸與能力，於是，關係很快就緊張起來。而護駕諸將中以楊奉實力最強，且據守在梁縣（故城在今河南省臨汝縣西），與曹操所在的許縣甚近。因此，曹操決定首先打楊奉的主意。他請獻帝身邊的董昭（議郎）給楊奉寫信說：「將軍保護皇上，千難萬險，總算回到了洛陽故都，保駕輔弼之功勞舉世無雙。今天下大亂，皇帝的尊嚴至為要緊，一定要群賢協力維護，恐非一個人能支撐局面的。將軍可在朝內做主，我可以做外援。現在，我有糧秣，將軍有兵馬，正好相輔相成，取長補短，生死與共也。」

楊奉當時雖兵盛有勢，但孤立少援。而且洛陽一片廢墟，獻帝君臣衣食佳行是一個日日焦心的事情。在這個時候，群雄不僅坐視不管，且都有坐看船沉之態。曹操能伸出救援的手，楊奉如何不高興？楊奉即與

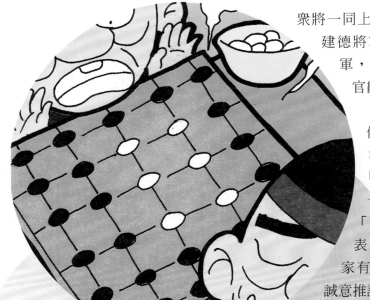

眾將一同上表，請獻帝加封曹操為建德將軍，不久又升為鎮東將軍，承襲其父曹嵩的費亭侯官爵。

這是曹操接近獻帝一個比較順利的時刻，曹操沒有得意，而是表現出明顯的克制與審慎。他一連寫了「上書讓封」、「上書讓費亭侯」兩道奏表，婉辭朝廷封賜。後來史家有人認為曹氏此舉是誠心誠意推讓，也有人認為是故做姿態。但無論其意真假，曹操此舉都表現著其人把握事態關節的明智與踏實。若從大英雄處世心胸上來說，則只有真誠。當然，獻帝不允，後來曹操才上「謝襲費亭侯」接受。此一受封，可看做是曹操接近獻帝的願望初見成效。

第二次機會是董承召曹操進洛陽，以驅逐專橫跋扈的韓暹、張楊。曹操更加高興，立即舉兵北進洛陽。韓暹自知不是曹操的對手，即單騎出奔，投梁縣找楊奉。因韓暹救駕有功，獻帝下令對韓暹去則去之，不追趕，亦不追究。曹操立即執行。

楊奉在外，韓暹走了，曹承有求於曹操。這表明，獻帝身邊原護駕諸將已大換班底了，換上了從外地來的，期待已久的曹操了。獻帝還授曹操節鉞，錄尚書事，任司隸校尉。節即符節，是帝王派遣將相委以使命時，做為信物的憑證，有了它就有斬殺

之權。鉞是一種斧狀兵器，此為王家專有、代表征伐權柄之物，據有其物即為總領國家軍馬。錄也是總領的意思，錄尚書事即總理朝政。

生活智慧

曹操一步一步地接近獻帝了。此時的曹操在形式上已得到他嚮往得到的東西。但這時候也正是考驗曹操的時候。因為，得到了，並不意味真正佔有，如此說，諸事才開始。

好的開始是成功的一半，壞的開始，成功亦是失敗。

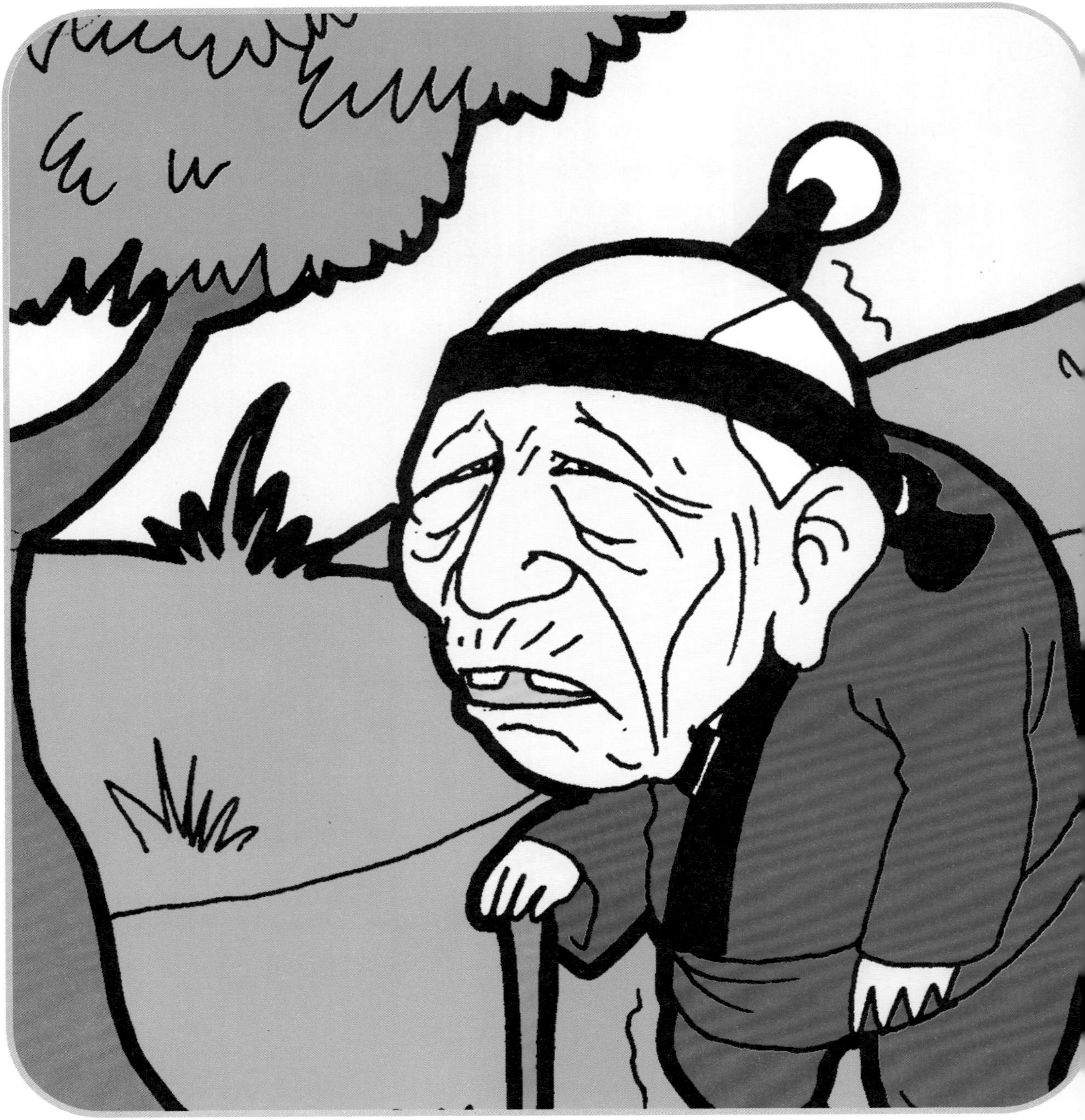

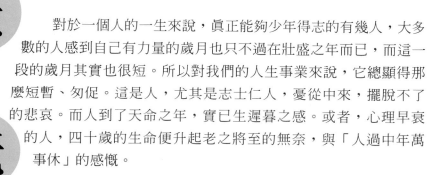

人老心老，不壯志豪情還得保

對於一個人的一生來說，真正能夠少年得志的有幾人，大多數的人感到自己有力量的歲月也只不過在壯盛之年而已，而這一段的歲月其實也很短。所以對我們的人生事業來說，它總顯得那麼短暫、匆促。這是人，尤其是志士仁人，憂從中來，擺脫不了的悲哀。而人到了天命之年，實已生遲暮之感。或者，心理早衰的人，四十歲的生命便升起老之將至的無奈，與「人過中年萬事休」的感慨。

對於曹操這個人來說，他自然是一個少年得志者。二十三歲為頓丘令，三十歲為濟南相，雖然不排除個人的努力與出眾的才能，但命運之神的垂青也是不言而喻的。這對曹操的人生事業來說，是一個很好的起點，也是一個難得的基礎，這只要和他的對手劉備相互比較，就可以看出他們之間的天壤之別了。然而，這對其後來的一統天下之志，對天下大亂、群雄揭竿的時局來比，又顯得底子太薄，份量太輕，所以，曹操還須奮發有所做為。可是這一切的一切又如何能與「日忽忽老之將至」的時光步伐來比水漲船高呢？

曹操也是俗人，無奈時光的流逝，無奈老之將至，尤其多了一份詩人特有的多愁善感，所以在他五十二、三歲的時候就聽到「烈士暮年」的敲門聲。這到底不是好的聲音，這到底是讓生命顫慄的聲音。就事實來說，不是每一個人都能像姜太公一樣「朝歌屠叟辭棘津，八十西來釣渭濱」——

李白＜梁甫吟＞。

　　然而，曹操到底不失英雄本色，也有哲人之心與詩人之豪情。史載，建安十年，曹操平定冀州後又揮師北上，千里奔襲烏桓，出盧龍塞「今河北遷縣喜峰口附近」，又直搗柳城大獲全勝。九月回師，其時曹操五十三歲。

　　五十三歲的年紀，如果身心強健，當是壯盛之年，如果身心衰弱，就是遲暮之秋了。此時此刻的曹操，自然不乏勝利的豪情，但他也清醒地認識到自己五十三歲的高齡。因之在＜龜雖壽＞中明白寫道：

　　「神龜雖壽，猶有竟時；騰蛇乘霧，終爲土灰。老驥伏櫪，志在千里；列士暮年，壯心不已。盈縮之期，不但在天；養始之福，可得永年。幸甚至哉，歌以詠志。」

　　詩中的曹操腳踏實地，不慕神龜長壽，也不指望像龍蛇一樣飛升仙界，只希望自己像一匹老馬，吃乾草喝涼水，再能走上個千里。如此，烈士暮年，何憂之有？

　　這就是英雄的心，壯士的心。生命本來就是一天天老邁，但只要有事業在，人的生命便能獲得洋溢的活力。曹操有信心、有才情、有見地可恃，所以曹操以詩明志。

生活智慧

人到了天命之年，難免生遲暮之感，有著「人過中年萬事休」的感慨。不過五十三歲的曹操仍希望自己像一匹老馬，吃乾草喝涼水，再能走上個千里。「老驥伏櫪，志在千里；列士暮年，壯心不已。」曹操說得好，多愁善感不妨，但豪情可是要有。

愛才惜才，才能創造風流文采

鍾嶸《詩品》〈總論〉說：「曹公父子，篤好斯文；平原兄弟，郁爲文棟。劉楨、王粲爲其羽翼。次有攀龍附鳳，自致於屬車者，蓋將百計。彬彬之盛，大備於時。」這種「彬彬之盛」相當程度地反映出曹操的人格，及至詩文的魅力。

在戰亂的苦痛間，在生靈塗炭之餘，文人墨客追隨曹氏父子，文章宴遊，歡快無比。這都是受曹操愛好的影響。然而曹操位高權重，軍政事務繁忙，且年事已高，實際上不可能有很多時間來參與鄴下文人的詞章活動。但有其父必有其子。爲父的放獷不拘小節，其子也高下無阻礙，這既親和了君臣關係，也醸造了詩文酬唱的氣氛。這樣的詞章活動能讓人互相砥礪，開懷切蹉，乃至杯酒、遊樂間，不拘尊卑貴賤，不假客套禮數，甚至不避內外嫌疑，這都促成了鄴下文章的空前之盛，及至成就了在中國文學史上獨樹一幟的風格與價值。這當然是曹操的功勞。

不過鄴下的文章宴遊，也曾發生過一椿名留青史的小插曲。由於受父親的影響，或者在曹丕、曹植的骨子裡還有與曹操一脈相承

氣二弟和士中隨的浪漫質，兄在文交往相當便，甚至在情高意興時全無顧忌。

有一次曹丕宴請眾詩文高手時，酒酣耳熱，興高采烈，曹丕竟然讓其夫人甄氏出來見眾位文士。君臣名份分明，又犖然男女大妨，無疑的一下子讓清醒者嚇得面白心跳，趕緊低下頭，諾諾然做聲不得。

然而也有不信邪的，劉楨不當一回事兒，就像看平常人一樣，若無其事地一雙眼直視甄氏。自然，曹丕也坦然若常，滿不在乎。

只是這一回曹操倒認眞了。他聽說這件事後，臉越拉越長，遂下令逮捕劉楨，交有關的司法部門治罪。按律如此對主母，劉楨犯大不敬罪，當斬首。憐其才，又有功社稷，減一等，發落到勞役犯集中地尙方，專做磨石的苦役。

又是這位愛才又恣意折磨人才的曹操，一次到尙方視察，發現劉楨正端坐正色磨石，不禁有所心動，竟上前問道：「這石頭怎麼樣？」

劉楨立即以石頭自喻，說：「這石頭稟氣堅貞，實乃之自然也。但細察其紋理，

雖人力磨礪，枉屬迂繞，猶不得伸也！」曹操聞言，哈哈大笑。回到府中即下令赦免劉楨，官復原職。

生活智慧

曹操為人通脫，尤雅好詩文。做為軍政領袖，這樣的個性和愛好不僅直接造就了中國文學的漢魏風骨，也造就了建安文章，乃至鄴下文人詩文交往的文采風流。曹操對劉楨前後的種種，可見他是多麼的愛才、愛文采。曹操也有可愛的一面。

化冤家爲親家的能力

曹操亡了呂布之後，心情振奮不已，但時間也僅有短短一個春季而已，袁紹已兵臨官渡，並且派使聯合張繡，對曹操構成南北夾擊之勢。

張繡是董卓部將張濟之侄。董亡，張濟投劉表就食，張濟死，張繡統領張濟之舊部署，受劉表之命守宛城（今河南南陽）。

曹操曾三征張繡，各有勝負。但曹操從來沒想過早就觸動袁紹，袁紹卻先拉了張繡下手了。本來袁曹對壘，曹操已敵不住了，何況腹背受敵。就在這緊急關頭，局面發生了戲劇性的變化。

張繡沒有對曹操用兵，卻率部隊赴許都，投奔了曹操，令曹操喜出望外。爲什麼會有這樣的局面出現呢？這當然有多方面的原因，才導致這樣的結果，但用智者的眼光來看，原因只有一個：曹操本人的特質。綜觀當時各路英雄，可以說沒有一個人比得上曹操。而其中直接原因則是張繡的謀士賈詡。賈詡在三國謀士如林的人物當中，算得上是第一流，能出其右者寥寥無幾。張繡與曹操交戰，能戰勝，能對峙，決策全在賈詡。

賈詡說：「……袁紹兄弟之間尚且不能相容，怎麼容得下天下國人呢？」不如投靠曹操。

張繡對賈詡言聽計從，此時卻覺得爲難的說：「袁強而曹弱，我與曹操又結下了仇冤，怎麼投靠他呢？」賈詡從容說出了一番道理，既給張繡算命，又評價袁、曹二人。賈詡說：「你所說的恰好就是我們應當投奔曹操的原因。第一，曹公奉天子以號令天下，名正言順，從公義出發，我們應歸赴朝廷。第二，袁強曹弱，以我們不多的一點兵力投附，必不被看重，曹勢小求助，必大爲振奮。第三，成大事者，必不計較個人恩怨，目的是藉此向天下的人表明他的胸懷博大。我認爲曹操是這樣的人。此事將軍就不必疑慮了。」

張繡無話可說，只有收拾行裝去找曹操。

後來，曹操還爲其子曹均娶了張繡的女兒，二人做了親家。曹操對賈詡敬重有加，說：「使我能取信於天下的人就是您啊！」這正是因了賈詡，使冤家成親家，使曹操與張繡合而爲一了。

生活智慧

在三分天下爭人才的情形下，是人才的幸運。賈詡的一席話，改變了當時的局面，謀士（人才）所扮演的角色及其重要性可見。

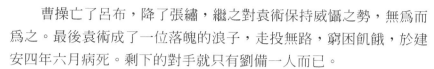

一山容不得二虎

曹操亡了呂布，降了張繡，繼之對袁術保持威懾之勢，無為而為之。最後袁術成了一位落魄的浪子，走投無路，窮困飢餓，於建安四年六月病死。剩下的對手就只有劉備一人而已。

劉備做為曹操的對手，從勢力與實力上來看，那還是赤壁大戰以後的事，在此之前，他只能以個人的氣概、能力與曹操較勁。因之，曹操對付劉備的手段也頗盡恩威、文武之道，這其中既有英雄相惜相敬之情，又有做個樣子給天下英雄看的權謀，也有欲擒故縱的韜晦，也有杜門戶為兄弟的幻想。但英雄終究是英雄，一山容不得二虎，英雄的事業都必須一個人作東主，另一個則只能做賓客，或幫手。因而，曹操與劉備的關係也必定走著一條合而分、友而敵的路徑。

不僅曹劉是這種關係，幾乎這就是中國歷史上的一條規律。秦漢之間的項羽與劉邦，隋唐之間的李淵與李密，元明之間的朱元璋與陳友諒，現代的蔣介石與毛澤東都是如此。不濟時就合，合是互相需要，互相利用，一旦弱的一方羽翼長起來了，有機會就必定各自高飛。到那時，弱的一方委曲求全，強的一方婉轉羈彌，都只成為歷史的佳話、英雄的美談。如此，所有的運籌，所有的心機也只成為水中月、鏡中花，既無現實功利得失，也無當時的勾心鬥角。然而，英雄的美麗，平凡人生的美麗也在這裡。原來人生得失最後並不重要，只是當時爭取某種功利時

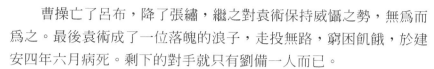

的那情味！還真是一種情味，它已不只屬於英雄本人，而屬於無盡的歷史，訴諸後來不斷從歷史的情味中獲得感動的心靈。這樣說，我們已把人生所有淡化為三界唯心，萬法唯識了。因為功利得失雙方轉瞬即逝，唯人的精神不死。

　　從劉備的出身，從一平民而聚眾鎮壓黃巾，頗具胸懷見地，以曹操的眼力，他對劉備是另眼相看的。當劉備攜關羽、張飛四處漂泊，最初不能說他沒有收為部屬的願望。只是到了後來，劉備日見英雄氣概，不是一個依人成事的角色，特別是陶謙舉劉備接替自己為徐州牧，劉備的人望、劉備的英雄魅力使曹操開始完全改變對他的態度，並把他做為一個對手，開始抑制他的發展，開始採取對他的籠絡政策，並實施對劉備集團進行瓦解的實際工作，這又是挾天子以令諸侯的方便了。比如曹操曾＜表麋竺領贏郡＞即為很厲害的一著。

　　麋竺為徐州豪族，家中富有，對劉備尤為屬意。他先是陶謙的別駕從事，後來又奉陶謙遺命迎劉備為徐州牧。建安元年，劉備遭呂布襲擊，妻兒被俘，麋竺在人、財、物諸方面皆傾力相助，使劉備重振氣象，還把自己的妹妹嫁給劉備。可見麋竺對劉備的看重和忠心了。

　　曹操表麋竺為贏郡太守，目的就在肢解劉備的勢力。與此同時曹操還舉薦麋芳為

彭城相，麋芳是麋竺的弟弟。只是竺、芳兄弟都拂逆了曹操的好意，仍忠實地追隨劉備。這足見劉備的不凡，當然這也可以從一個側面來解釋，爲什麼漢末英雄紛起，劉備後來居下，卻能得諸葛亮、關羽、張飛這些第一流，甚至千古人傑作幫手了。

　　也正因爲這樣，曹操的那份用心就別具味道了。

生活
智慧

　　曹操對付劉備的手段頗盡恩威、文武之道，這其中既有英雄相惜相敬之情，又有做樣子給天下英雄看的權謀，當然也有欲擒故縱的韜晦。但英雄終究是英雄，一山容不得二虎，曹操與劉備的關係也必定走著一條合而分、友而敵的路徑。

強中還有強中手

　　荀彧說：「同曹操爭天下的人是袁紹。」從後來的情勢來看，應該這麼說，同曹操爭北方天下的人是袁紹。曹操對這一點應該更清楚。所以，當勢力不及時，曹操有相當長的一段時間，對袁紹採取一種妥協的政策，或聯合，或依附，或籠絡，不即不離，不冷不熱。目的是為了穩住袁紹。

　　實際上，當建安四年（公元一九九年）袁紹兵發黎陽（故城在今河南浚縣東），揚言進軍許都，為漢家討賊（即曹操）時，曹操就不能不正面部署對袁紹的軍事行動。因為，對呂布主動用兵，戰略思想從防禦到轉為進攻，破呂布，坐斃袁術，又閃電般地赴徐州擊走劉備，到次年殺奉衣帶詔誅曹操的國舅董承，這所有都是為了對袁紹一戰。因為曹操在建安初年雖挾天子以令諸侯，這還只是一種政治優勢，但所處地理位置及兗、豫、徐三州，後來又有楊州，實際是一個四面挨打的位置，軍事上所謂「四戰之地」，易攻難守。只有打下了袁紹這場硬仗，其於全國的位置才真正見分曉。然而，「兵者，國之大事，死生之地，存亡之道，不可不察也。」也就是於曹操當時的情勢，和他與袁紹的力量對比，這一戰又只能勝不能敗，否則他將淹沒在袁紹大軍的鐵流之中，那對曹操而言是一個不堪設想的結局，當然對袁紹也是這樣。

　　然而，袁紹是何等樣人，何等勢力？四世三公之後，貴寵僅次於皇家。而四代經營該有多大勢力？憑這無可匹敵的家世門

第，也憑自己的威貌人才，交結士人，出入公門，很年輕的時候就進入大將軍的幕府，很快就成為何進主要倚重的人物，任司隸校尉、中軍校尉。他拔劍對抗董卓擅自廢立皇帝，逃出洛陽後董卓卻不敢懸賞緝拿。曹操提倡討董卓，首先想到的支持者也是袁紹其人，也因此他被推為討董聯軍盟主。聯軍解體後，他成為渤海太守，軍需都靠冀州牧韓馥供給，但他卻能很快趕走韓馥，基本撲滅河北黃巾軍殘部，又攻殺孫瓚。至此，他具有冀、青、幽、并四州，成為中國北方最強大的割據者。

袁紹一生最明顯的敗著，一是獻計召董卓進京，二是官渡之戰定策。這兩次失手對袁紹固然至關重要，但其人也絕非庸庸碌碌，無所作為，僅從渤海太守到擁兵割據冀、幽、青、并四州即見其經營之才略。所以，曹操對袁紹一戰，即知早晚不免，又知須慎之又慎。甚至大軍啟動，曹操依然憂慮重重。

但荀彧分析說：「歷來爭天下的經驗教訓表明，有真本事，即使開始弱小，後來必越戰越強大。相反，即使開始強大最後必衰敗下來。劉邦、項羽的一存一亡，大體可以看出這個道理。」

「現在與明公爭天下的人，僅袁紹而已。袁紹待人表面寬厚，而心存猜忌，用人卻不信任人，而明公遇事通達，人才不拘一格，合理使用，這是器量上超過袁紹。」

「袁邵遇事遲疑不決，常常坐失良機，明公卻能多謀善斷，決大事能隨機應變，因事制宜。這是智謀上超過袁紹。」

「袁紹治軍寬緩不嚴，法規不全，兵將雖衆，但發揮作用有限。明公卻法令嚴明，賞罰必行，兵將雖少，卻能人人效死作戰。這是在武力上超過袁紹。」

「袁紹憑藉門第聲望，故作儒雅，又裝作足智多謀，因而許多華而不實，徒有虛名者都找到他門下。明公卻以仁道待人，眞誠踏實，不尙虛榮，自己謹愼節儉，獎賞功臣不遺餘力，所以忠貞進取之士願爲之用。這是在個人品德上超過袁紹。憑這四個方面的優勢輔佐皇帝，征討不臣，誰敢不從，袁紹一時強大又有什麼作爲？」

緊接著荀彧的話，郭嘉也對比了袁曹的優劣情勢。郭嘉說曹操有十個方面勝過袁紹：

1.袁紹辦事，講求形式；曹操則注重實效。此爲一勝。

2.袁紹以不臣抗帝命，曹操奉天子號令征伐，順天應人。此爲二勝。

3.漢末政令寬而無制約，袁紹也寬緩馭人，以寬治寬，則難以整肅紛亂；曹操則嚴猛律令，上下振肅，各守法度。此爲三勝。

4.袁紹外寬內忌，用人疑人，故任人唯親；曹操則外簡內明，任人唯賢。此四勝。

5.袁紹多謀少決，往往坐失良機；曹操則多謀善斷，隨機應變，雷厲風行。此五勝。

6.袁紹沽名釣譽，虛僞造作；曹操則以誠待人，儉樸踏實。此六勝。

7.袁紹因小失大，婦人之仁；曹操大處著眼，疏忽小節，只抓大仁大道。此七勝。

8.袁紹左右的高級官員，爭權奪利，互相陷害；曹操則有一定的法則，極富英明智慧。此八勝。

9.袁紹不分是非，曹操循禮法辦事。此九勝。

10.袁紹虛張聲勢，不諳兵法真諦；曹操用兵如神，能以少勝眾。此十勝。

這是荀彧或郭嘉對袁曹二人的全面比較，以鑒定二人的素質。荀、郭身為曹操的謀士，對曹操難免辭帶溢美，但大抵合乎事實。兵者，國之大事，死生之地，存亡之道，不可不察也。所以，當建安四年（公元一九九年）袁紹兵發黎陽（故城在今河南浚縣東），揚言進軍許都，為漢家討賊（即曹操）時，曹操就不能不正面部署對袁紹的軍事行動。

生活智慧

人才素質也是相對的，袁紹之於公孫瓚堪為強手，但與曹操為敵，則人才大為遜色。人之於人就是這樣，強中還有強中手。而說曹操之於袁紹有諸多長處、優點，何嘗不是說曹操人生態度的諸多特點與態度。

強
弱
對
比
在
於
時
機

曹操有諸般優於袁紹的素質，
但這只是兩軍統帥的比較，而戰爭
是兩軍對陣，統帥的素質固然是關
鍵，但兩軍的實力，包括兵力、裝備、糧
草、後勤等，更是根本。如此說來，曹操在根本
上還是不如袁紹。

如何對抗袁紹，儘管謀士們給曹操打氣，但曹操
對袁紹用兵仍須處處小心。在實力有著極大懸
殊的情況下，任何一點失誤，都可能造成不可挽回的
損失，甚至導致全軍覆沒。

而整個官渡之戰，從曹操於建安四年八月兵進黎
陽，到建安六年四月擊破袁紹倉亭軍，由弱
轉強，確立對袁紹的優勢，歷時一年零八個
月。其間正面的敵人是袁紹，同時還要打擊背
後的敵人，又要安撫兩翼，穩定許都。如此局
面，曹操能戰而勝之，確實做到了穩紮穩
打，靈活機動。他的戰略部署是這樣的：
從南到北構成三線防禦體系，奪取當時還在袁軍手
中的射犬（今河南沁陽東北），以為防禦袁軍南下的前哨，此
為第一線。以與黎陽、射犬隔黃河相望的延津、白馬和鄄城為第二線。官

渡爲袁紹南下攻許都的咽喉之地，守住官渡，爲第三道防線。三線互相響應，互相支持，集中兵力，速戰速決，儘量避免與袁紹的大軍正面決戰，隨時捕捉戰機消滅袁軍力量。

儘管如此，袁軍東西連營數十里，長時間對峙，曹軍的弱點還是日益顯露。軍需接濟不上，處處讓曹操捉襟見肘。而人員不足，更讓曹操難以爲繼，在這種大軍壓境的情況下，曹操仍不氣餒，不時鼓勵士兵。然而除了上述以外，民心向背更讓曹操擔心。由於連年征戰，民衆不堪負擔，很多人站到了袁紹那一邊，包括曹操的個別將領，如劉辟。此時在江東的孫策也有北上襲取許都的意思。所以曹操心裡又有撤回許都的打算。

他寫信給留守許都的荀彧，徵求意見，荀彧立即回信，他阻止曹操說：「袁紹把主力放在官渡，要與明公決勝負，您如果不能打敗他，那就給了袁紹機會，可見此番成敗關係全局。袁紹究竟乃平庸之輩，雖然能團結人才，卻不能使用人才，憑明公神武英明，順應時勢，所向無敵，必無往而不勝也。現在雖然短缺軍糧，但還沒到當年楚、漢雙方相持於滎陽、成皋之間那麼危急。當時劉、項沒有一個願先撤，因爲誰先撤退就意味著誰先喪失有利的形勢。明公只以十分之一於敵人的軍隊，佔據咽喉之地，堅壁固守，使敵人無法逾越，已歷時半年。如今敵人弱點已漸漸暴露，他們的力

量已耗盡，相持的局面很快過去。這正是用奇謀戰而勝之的大好時機，千萬不能失之交臂啊！」

賈詡也對曹操說，明公智、勇、用人、決斷皆非袁紹可比。而半年之內尚不能定局面，是因為欲求萬無一失的緣故。現在只有等待時機，時機一到，整個局面即為之一變。

荀彧、賈詡意見極為高明，看透了袁、曹，因而把握了大勢。而曹操是一個能抓住機會的人。

生活智慧

兩強相爭，勇者勝，兩勇相爭，智者勝。在時間裡，強弱對比可以變化。因為，強中必有弱的因素，弱中必有強的潛在。要它們表現出來，只在時機，找出時機，抓住時機，人生事業便可有神來之筆。於是，在等待中，歷史似乎有一千種寫法，但在機會中就只有一種寫法了。

甘冒風險也要抓住機會

在曹操急需機會的時候，機會果然來了。

帶來機會的人就是許攸。許攸，字子遠，年輕時和曹操是朋友，後來他替袁紹當謀士。兩軍對峙時，他給袁紹獻了一計：派輕騎突襲許都。這是置曹操於死地的一著惡棋。可惜袁紹不聽。許攸其人貪財，此時偏偏聽說因錢財上的事，在鄴城的家人被袁紹親信大員審配抓進大牢。許攸一時怒起，即投曹操。

既投曹操，許攸就給曹操獻計：「明公固守，孤軍無援，軍糧又快吃光了，情況實在不妙。我有一計，現在袁紹有一萬多車軍糧囤放在故市和烏巢，防備並不嚴密，可以派一支精兵襲擊之，出其不意，以火燒糧，不出三天，袁紹必全軍潰敗。」

許攸的計策，與曹操的尋找戰機，出奇制勝的戰略期待，正猶如乾柴烈火，一觸即發。曹操大為高興，即命曹洪、荀攸留守大營，自己親率五千騎兵、步兵連夜出發。這就是

曹操的作風，明智、果敢。許攸突然出現，真假如何？眾將疑竇叢生，也不是沒有道理。可是曹操斷然接納，並且自己親自出馬。

　　曹操之風不僅如此，接許攸尤其可見曹操的特點。許攸來時，他正在睡覺，聽說許攸來了，一翻身下床，鞋子都來不及穿上，光著腳丫子就出了帳，一邊跑，一邊熱情的歡迎：「子卿老遠跑來我這兒，我的大事肯定可以成功了！」

　　古往今來，曹操向來被視為奸雄。然而，如此情景，實在讓人敬佩曹操是一個大大的英雄了。古今賢才，倘都能碰上曹操這一奸雄，僅這一點真情，也足夠無數英傑為知己者死了。只可惜古今眾居高位者，只有奸，全無雄，因而賢才也只好當看官了。

　　當然，當曹操對許攸信而不疑，親赴險境，荀攸、賈詡還是執意支持曹操的。本來，智者見於未萌。

　　只說曹操親自帶著五千兵將，扮著袁軍，矇過一路上袁軍哨卡，天色微明，到達烏巢，即圍住糧囤放火，又猛攻守糧袁軍。袁軍抵擋不住只有退守營寨，等待袁紹大軍來救。

　　而袁紹知烏巢吃緊，又犯了一個錯誤，不採納張郃救烏巢的建議，卻讓張郃、高覽率重兵攻曹操大營，另派幾千兵救烏巢。張郃、高覽攻曹營，曹營早有準備，張郃、高覽急切中難以得手。而曹操得知大本營被攻打也全然不顧，只是對烏巢守軍展開更猛烈的進攻，勢在必得。即使救烏巢的袁軍已趕到，左右報告曹操，說敵人騎兵越來越近了，請分兵抵擋，曹操卻只高聲回答：「等他們到了我背後再報告！」

　　曹操督戰，將士拼命，烏巢營壘迅速擊破，一萬多糧草燒光，多位袁軍守將被

殺。緊接著曹操又掉頭擊潰袁紹援軍。最後，曹操把烏巢守將，當年與他一起在靈帝殿前任西園八校尉之一的淳于瓊也殺了。

曹操在烏巢得手，張部這邊依舊在猛攻。可是袁紹這時又犯了一個大大的錯誤，他聽信讒言，懷疑張部、高覽二人有異心，又迫使二人陣前投降曹操。

這樣一來，袁軍銳氣盡失，上下一片驚恐。曹操乘勝全面出擊，袁軍不戰自潰。袁紹與其長子袁譚只帶了八百騎兵渡黃河逃命。

官渡之戰，經一年多的對峙，至此以曹操的全面勝利而結束。曹操以自己和部下的智、勇爭得了官渡之戰的勝利。而爭取勝利的他總能押上生命的籌碼來駕馭時局。

生活智慧

非常時刻來的機會，也有非常的風險。也非要曹操這樣的人，非要有曹操這樣的見地、信心的人才能抓住。抓住了，不僅轉弱為強，更在於旋轉乾坤。烏巢奇蹟是曹操生平最得意的一筆，也是大智大勇的一筆。

奇蹟是英雄創造的

「兵有可測與不可測者，勝負之機，一半予人，一半還交機遇，還交意外的人事，而於『意外』亦須人謀，此方爲百戰不殆。」寥寥四十餘字，雖然是在非常得意的時候寫的，有些輕率，但可以看出曹操厲害過人。得勝的將帥，字字心機，字字千鈞，其筆力雄風亦躍然紙上。

這封信送到孫權手上，正如曹操所預想的，孫權把這封信拿給眾人看，看過的人幾乎都被那幾句躊躇滿志、不軟不硬的話嚇得變了臉色，半天做聲不得，等回過神來，張昭等人便紛紛勸孫權投降曹操。

關於這一點，也許早在曹操的意料之中。天下人才幾何，江東人才幾何，曹操哪裡會不知道。然而，曹操忘了天外有天，忘了兵有可測者，也有不可測者；勝負之機，一半在人，一半也還得交給機遇，交給意外的人事，甚而將意外也妙算在內，這樣才能稱爲百戰不殆。他自己的傑作——官渡之戰不就是他坐等意外，又抓住意外之機，從而克敵致勝的實例嗎？

從這一點來看，曹操預料的只是懦夫的反應，而不是英傑的籌謀。而奇蹟恰恰是英傑創造的，況且這時候天下的人傑又恰恰薈萃於江東，那就是劉備、諸葛亮、孫權、魯肅、周瑜、龐統，以及孫劉所有主戰的文臣

武將，他們可不吃曹操這一套。早在曹操準備揮師東下，他們就開始奔走運籌了。

早在曹操襲取荊州之前，魯肅便開始了請命結好劉備之行。魯肅在當陽長板路遇到劉備，始有劉備東下樊口之舉。魯肅此行及其動機影響非凡，見地也非凡。當曹操勢大，天下無敵時，他首先開啟孫劉聯盟抗曹的契機，打下了曹操赤壁兵敗的伏筆，此為曹操所始料未及。

及至諸葛亮請命赴東吳遊說孫權聯劉抗曹，諸葛亮智激孫權抗曹決心，又詳析三方大勢說：「劉玄德將軍雖兵敗長板，但收拾部眾，再加關羽水軍，總數不下萬人，且皆為能征慣戰之士，劉琦在江夏之戰士也有上萬人。曹操遠道而來，人困馬乏，正為強弩之末，而且，北方人又不習水戰。此外，荊州民眾降操不過迫於兵威，絕非心服。現在將軍如能派一猛將統兵數萬，與劉將軍同心協力，是一定能夠打敗曹操的……。」

諸葛亮的這一番分析，知己知彼，又有鼓動性，孫權大有戰勝曹操的信心，也奠定了孫劉聯盟的心理基礎，此又為曹操所始料不及。

周瑜又向孫權分析曹操的弱點，他說：「假定曹操後方穩定，無後顧之憂，能夠曠日持久地同我們在陸地爭個輸贏，但他在水上也行嗎？何況馬超、韓遂還在關西威脅著他。他捨鞍馬，登舟楫同我們較量，這是棄長就短。目前又正當隆冬嚴寒，馬無草料。且其兵眾多為北方人，讓北方人遠涉江湖，不服水土，必生疾病。以上所說四

個方向，皆爲用兵大忌，曹操都犯了。將軍活捉曹操，機會就在這裡……。」

周瑜還說：「眾人只看到曹操信上說有水步兵八十萬就害怕起來，也不管虛實就投降。查核其實際情況，曹操從北方帶來的軍隊不過十五、六萬人，且已疲憊不堪；所得劉荊州部眾頂多不過七、八萬人，且對曹操心懷疑懼。曹操率疲憊不堪的部眾，指揮狐疑不定的降兵，人數雖多，有什麼可怕？。」

周瑜同諸葛亮所見略同。二人如此看透一個所向披靡的勝利者，看透他在乘勝進軍中的致命隱患，並力圖充分利用這些隱患來打敗他，這是曹操所始料不及的。

生活
智慧

曹操在乘勝追擊時，輕忽了本身的隱患，他忘了天外有天，他忘了兵有可測，也有不可測者；勝負之機，一半在人，一半也還得交給機遇，交給意外的人事，甚而將意外也妙算在內，這樣才能百戰不殆。因他的躊躇滿志，而有後來的赤壁之難。

曹操因為戰必勝，攻必克，使得他的雄心壯志無以遏制，因而失去了必要的冷靜。客觀來說，孫劉聯手，諸葛亮、周瑜、魯肅運籌帷幄，這麼多的人傑聯手全力抗曹，即使曹操深知自己的短處，如賈詡所言，按兵不動，靜待江東變化，只怕也只能事與願違。世界是英雄的大舞台，曹操到底只占了中原，所剩的地方還很大，英雄尚有用武之地。也許那個時代注定三分天下，就憑曹公一人的智力豈可抗拒？

因之，黃蓋送書來降，精細如曹操竟看不出破綻，而沒有提防。

本來用鐵鏈把船連在一起，只求讓北方來的士兵不致暈船嘔吐，誰知道恰恰成就了黃蓋的一把火。舳艫千里，旌旗蔽空，橫槊賦詩的武威雅事，一夜之間，東南風起，變得百連營，火燃張天，此又那裡是曹公所能料及。

從孫劉聯軍的窮追猛打之中，曹操從華容小道倉皇逃得性命，安定下來，不由得痛定思痛，悲從中來，竟想起常出奇計，助他屢戰屢勝的郭嘉，不禁悲愴呼叫：「要是郭奉孝還在，我是決不會落到這個地步的！」又叫道：「哀哉，奉孝！惜哉，奉孝！」

曹操率真得可以，然而這麼說等於把程昱等人的婉言

不知反省，只會失敗

建議完全抹煞了。是無心言之，還是有意委過部下？不好妄斷，惟曹公自知，然而從此觀曹操亦眞曹操也。

　　曹公的赤壁大敗從其行爲與性情上講，也有其前因後果，甚而有前車之鑑。　建安二年，曹操第一次征張繡，張繡自知不敵，開城投降。勝利來得太容易，曹公便輕狂起來。他聽說張繡的嬸娘美貌非常，便叫人將其找來陪他睡覺。這樣，禍事就來了。

　　張繡用賈詡的計謀，瞞過曹操，率全副武裝士兵進入曹操的大營，一聲令下，將士一齊動手。曹操措手不及，無法抵抗，靠了典韋保護，方得逃脫。

　　那一次，整個曹軍被打得七零八落，潰不成軍，愛將典韋、長子曹昂、侄子安民同時遇害。這就是歷史上曹操征張繡的所謂「淯水之難」。

淯水之難對曹操的打擊是慘重的，但曹操認爲：「我接受張繡，由於沒有及時扣留他們的人質，以致弄到這種地步。我也已經明白失敗的原因了。大家看著，今後我不會再打敗仗了！」

　　曹操不從自身找失敗的原因，委過於不留下人質。可以看出他的心性。正因爲如此，雖然其功業不下於諸葛亮，其智謀也常可與諸葛亮相抗衡諸葛亮千古之下爲人景仰，甚至被認爲是中國的千古完人。而人們縱使敬佩曹操的赫赫功業和層出不窮的神

妙智略，也承認他是一個英雄，但認同中總有諸多訾議。正因爲曹操心性中有如此不可改變，不能自悟的劣根性，所以在一段順利之後，就必然會栽一個大跟頭。這是爲什麼前有淯水之難後有赤壁之難發生的緣故。

眞是，彼一曹操，此一曹操，皆一曹操也。

生活智慧

曹操人品、心性不佳，從不由自身找失敗的原因，縱有諸般赫赫功業，難爲後人推崇。又因其根性的緣故，曹公性情放縱，生活享樂，又愛面子。如此人品與其才智形成巨大的反差，如果說這使人遺憾，毋寧老老實實承認，其實這就是真正的曹操。正因爲如此，才會發生淯水、赤壁之難。

王道、霸術互為補體

　　王霸二道對於軍政大事，或者說對於國計民生是一個常人視而不見，但又無時無刻不存在的社會與人生的大道。

　　何為王道？簡而言之，就是儒家主張的以仁義治天下，其核心就是一個「仁」字。其基本的特點就是「仁者愛人」，不欺詐、不壓迫，使社會充滿理性，使人間充滿友愛。

　　何謂霸道？就是憑藉威勢，利用權術、刑法，用一套強硬、機巧的辦法對付爭鬥的對手、敵人和治下的民眾。

　　歷來王霸二道可以這樣說：說法上是對立的，做法上卻是合二為一、互為補充的。實際上，王道霸術是一個連體的孿生兄弟，是政治家、軍事家的兩隻手，兩件衣裳。商湯的網開三面的故事，應該說標舉的是王道了。

　　商湯在野外看見有人在四面都張起大網，還聽見張網的人說：「讓上下四方的鳥兒進入我的網中吧！」商湯於是對那人說：「唉，這樣就把鳥兒捉盡了！」於是就下令撤去三面的網。商湯這個網開三面的做法傳開去，果然就有很多賢人投奔他，民眾也嚮往他主張的寬鬆的王道政治。但商湯到底留下了一面網呀！這一面網就是威權、警戒了。這樣的做法就是霸術了，只是他有著隱而不發的

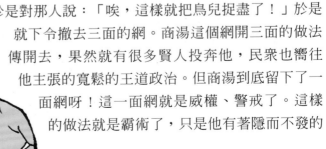

高明罷了。再說既然要讓老百姓好好過，何必要張揚這麼個「網開三面」的故事呢？大仁不仁，知者不言。想來，商湯這網開三面的王道，本身就是在行霸術。極力倡導王道仁政的孔子本人，在其任魯國大司寇這極短的軍政生涯中，他也是王霸並舉的。

齊魯會盟，魯定公慨然前往，孔子立即建議：「臣聽說君主行事，處事必有武備，文武之事不可離也。」便讓左右司馬率兵隨行。

果然，會盟中齊景公君臣以為孔子是書呆子，好欺負，便奏樂羞辱魯定公，魯定公怕極了。孔子卻態度從容，要齊景公退下夷狄音樂，又要求齊景公懲處破壞會盟氣氛的樂隊領隊，景公不肯。孔子立即拔出劍來，怒斥齊公：「兩國通好就是兄弟，魯國的執法官就是齊國的執法官！二司馬何在？」

二司馬聞聲衝出，飛身揪出男女二樂隊領班，當即斬首。會盟不歡而散，齊國君

臣不料孔夫子運用王霸二道竟如此老到，大大地吃了虧。當然，孔子此舉也給自己的王道仁政做了一個註腳，就是他的王道仁政是霸道權術做幫襯的王道仁政。

生活智慧

不管王道、霸道怎麼說，它是已然存在的。我們不能怪王道，也不能怪霸道，更不能怪諸家學說，只能怪自己，身為人類的我們，一旦走出了樸素天真，就永遠回不了頭。所以說大仁不仁，大智不智，大道無謀，永遠是一種理想。

威權、刑法，快速有用

　　曹操〈讓縣自明本志令〉談自己生平行事與心跡時，說過這樣一段話：「然欲孤便爾委捐所典兵衆以還執事，歸就武平侯國，實不可也。何者？誠恐已離兵爲人所禍也。既爲子孫計，又已敗則國家傾危，是以不得慕虛名而處實禍，此所不得爲也……。」

　　這話的意思是說，當時已有人指責曹操有異志，不僅劉備、諸葛亮、周瑜指責曹操名爲漢相，實爲漢賊，即便曹操統治的許都，也有很多人認定曹操有異志，因此，有人建議曹操把兵權交還給朝廷，辭去丞相職務，回到自己武平侯封國去養老享福。曹操的回答是：「斷乎不可！」爲何不可？大而言之，不能讓國家再次蹈入戰亂；小而言之，是個人不能圖虛名而招來實實在在的禍殃，即所謂的「不得慕虛名而處實禍」。

　　「不得慕虛名而處實禍」，可說是曹操操縱王霸二術的傳神之筆，集中起來就是一個「實」字。也就是說曹操用王霸二術的所有目的就是爲了實實在在的功利。爲了實實在在的功利，毅然和董卓決裂，以獻身的精神首舉討董義旗，爲天下倡。這是曹操生平極輝煌的篇章，充當了漢末第一英雄的角色。

這當然是行王道。後來的事尚難逆料，在當時曹操肯定是大智、大勇、大忠。但陳留舉兵，曹操是行王道也是行霸道。當時的曹操如何想，歷史雲煙渺渺不得而知。但至少有幾種可能，成，為漢家掃平董卓，重整河山，做了一椿功德無量的事情。不成，擁兵自重，可「任天下之智力」，與群雄爭霸。這些考慮，都是實實在在的。

為了實實在在的利益，他有雄才大略，但卻決不耽於幻想。為了打敗袁紹，他可以冒死親率士卒去攻打烏巢，這樣果決，同時敢於置之死地而後生的統帥，古往今來比比皆是，但當此一時，並不多見。為了拿穩既得的勝利，官渡之戰後，他將袁軍降卒七萬人一舉坑殺。這與當時的劉備、諸葛亮形成鮮明的對比。諸葛亮治蜀定南方時，也曾多次捕獲孟獲叛亂兵將，但從來都是以王道教化之，以王德感化之，顯示出更加恢弘的氣度，和把握局勢的自信。在這一點上，曹操的王道霸術在許多時候就見其急功近利的特點，表現出性格急躁、生性奸詐，和手段殘酷。

為了實實在在的利益，他能誠心誠意地禮賢下士。比如他光著腳丫兒跑出寢帳歡迎許攸，謙卑問計。設想，若是沒有許攸，曹操即便可以打敗袁紹，那難度要高出多少，很難說。也是在這裡，他和袁紹形成鮮明的對比。許攸叫袁紹奇襲許都，當然是高明之見，袁紹不聽也就罷了，但還要做出一副成竹在胸的樣子。這樣，袁紹講面子、好虛名，曹操講實效，踏實去做，一敗一成也就必然了。

　　同樣，爲了實實在在的利益，他敢冒天下之大不韙，倡惟才是舉，並以此爲招納人才的方針。此舉對一種陳腐的人才觀實有振聾發聵的效用。但走在他身邊的人，必須爲他的實利盡心盡力，一旦他看出人家違逆他的意志，不利於他的事業，他就務必去之而後快。他逼死荀彧、崔琰，即可見其功利觀念的急切與殘忍。

　　如此的心胸，如此的性格，使曹操行王道兼使霸術鮮明地烙印上曹氏的記號。如此，從另一個方面來說，曹操也提倡王道，並且在他的轄區裡也推行王道，比如他也宣揚仁孝觀念，他也頒布過＜整齊風俗令＞、＜修學令＞等體現王道仁政的法規、命令，但他到底認爲那都是虛的，自然，他也不能夠爲了虛名，放棄權柄。

生活智慧

　　曹操雜糅王霸二道，他「不得慕虛名而處實禍」，可說是操縱王霸二術的傳神之筆。集中起來就是一個「實」字，也就是說曹操用王霸二術的所有目的就是為了實實在在的功利。因此，我們可以看到曹操的王道霸術在許多時候就只見其急功近利的特點，以及他所表現出的性格急躁、奸詐，和手段殘酷。他認為王道是虛的，不如霸道的威權、權詐、刑法直接有效用。

寧我負人，人毋負我

華佗是漢末一代名醫，在整個中國醫學史上，這樣的神醫也找不出幾個。他一生有許多藥到病除、起死回生的傳奇故事。某郡守患病，他看了看郡守脈相、氣色，對郡守說：「你大怒一場病就好了」。於是收了很多錢卻不給醫治，只留下一封信把郡守臭罵一頓就走了。郡守大怒，立即派人追殺華佗。但郡守一怒，吐黑血數升，病立即就好了。

在醫學上，華佗用現代科學觀念來看，幾乎是全才，內科、外科、婦科、兒科、針灸無不精通。但這樣救了無數人命的神醫，碰到曹操卻救不了自己的命，這應該算是曹操霸道的一個鮮明註腳。

曹操患有頭風眩的病，許多醫生都治不好。曹操請來華佗，華佗給他扎針，針一扎就不疼了。華佗向曹操建議，說這病一下子難斷根，要長期治療，這樣可以益壽延年。曹操便想把華佗留在身邊，頭一疼就請華佗治病。

但華佗卻不願被曹操役使，加之離家時間久，便對曹操說，家中有事相招，要回去些日子。曹操也答應給華陀假期。

華陀回家，期限過了也不回來，曹操去信、派人催促，華陀都以妻子有病為由，推辭不就，這樣就惹火了曹操，他派人到華陀家看究竟，說要是華佗無故推辭，就把他抓回。果然，華佗被曹操關進了大牢。

根據與曹操相處的經驗，荀彧料定曹操不會輕饒華佗，就規勸曹操，說華佗醫術太高明，很多人靠他救命，還是赦免了好。

曹操卻氣惱地說：「用不著擔心，難道天下還少得了這等鼠輩嗎？」

華佗在獄中受盡拷打。在獄中華陀拿出一卷醫書給看牢人，說這可以救人活命，請看牢人傳出去，看牢人不敢，華佗便絕望地把這一卷總結自己一生醫術結晶的書，一把火給燒了。就這樣，華佗便在大牢裡被拷打致死。

直到他一位最有才智的兒子曹沖死時，他才後悔自己錯了。他嘆息說：「我不該殺華佗，不然，我兒子是不會白白送命的！」

生活智慧

曹操在乘勝追擊時，輕忽了本身的隱患，他忘了天外有天，他忘了兵有可測，也有不可測者；勝負之機，一半在人，一半也還得交給機遇，交給意外的人事，甚而將意外也妙算在內，這樣才能百戰不殆。因他的躊躇滿志，而有後來的赤壁之難。

說得太多，做得太少

孔融是孔子的二十世孫，從小就有才名。十歲時，一個毛頭小子去拜見當時的名士李膺，對看門人說與李膺是世交。進了屋子，李膺問他兩家祖輩如何為世交，孔融說：「是的，先君孔夫子與您先人李老君同德同義而相師友，因此我與您是世家。」孔融說的是孔夫子曾向老子問禮的故事，算是李、孔有交往了。在座客人都誇孔融人小而機敏不凡，但太中大夫卻冷冷地說：「小時聰明，大了就不一定能幹了。」

孔融立即反唇相譏：「照您所說，您小時一定很聰明嘍！」

眾人哈哈大笑。

孔融兒時有「孔融讓梨」故事，十六歲時掩護著名黨人張儉，事敗後與其兄爭死，一時名重，為人景仰。孔融為人自以為才智過人，天下豪傑皆不及他。再者，孔融有兩個特點是很明確的，一是不把曹操放在眼裡，二是忠於漢朝。所以孔融雖然投奔曹操，卻曾多次傷害曹操。

曹操破鄴城，曹丕把袁熙的妻子甄氏據為己有，曹操也成全了兒子。孔融知道了這件事，便寫信給曹操說：「武王伐紂，就把妲己賜給周公做小老婆。」

妲己是商紂王的寵妃，紂王兵敗牧野，鹿台自焚，妲己被姜

尚處死，並沒有武王送妲己給周公做婆娘的事情。但曹操認為孔融肯定是在什麼書上見到這樣的記載，就問孔融見自何書，孔融卻回答說：「用今天的事情推想，當時的情況也該是這樣了！」曹操大為尷尬，既被戲弄，又被羞辱。

孔融也曾上過一篇＜一准古王畿之制＞的表文，主張京城周圍千里之內都應歸朝廷直接管轄，不應有王侯封地。而當時曹操武平侯的封地屬陳郡，離許都才三百里左右。孔融的目的在於擴大漢室的實權，限制曹操的勢力發展。這樣的表文，當然讓曹操十分惱火。

孔融言語太率意，說出不少侮慢曹操的言辭來，所以曹操想殺孔融由來已久。孔融也一定是聞到某種氣息，有所收斂。但建安十三年，孔融又當著孫權使者的面批評曹操，還要曹操不對荊州用兵，讓劉表自動來投。當此事業發展的關鍵時刻，對外要同心同力，在內要步調一致，於是，曹操再也不能容忍孔融了。他果斷地啓用孔融的仇人郗慮為御史大

夫，爲孔融羅織了諸般罪行。所謂「招合徒眾，欲規不軌」、「謗訕朝廷」、「大逆不道」等等，都慮建議：宜極重誅。都慮不過是曹操的一桿槍，所以他的表章一送上，曹操立即下令將孔融處死。

孔融無罪而誅，朝野震動很大，許多人爲孔融鳴不平，一時對曹操的壓力很大，曹操下令公布孔融的罪狀，說世人被孔融的名氣所迷惑，沒看到他破壞社會風俗，說孔融違天反道，敗倫亂理，即便殺也是殺晚了，沒有不該殺的。

曹操這麼做，不但偏狹，而且狠毒，更過分的是，他連孔融的一男一女兩個孩子也殺了。孔融的兒女表現也非常奇特。當孔融被抓，他的一兒一女，兒九歲，女七歲，當時正在下棋，竟然不驚懼，仍然端坐不動，有人問他們：「你父親被抓，爲什麼不起身呢？」

兩個小孩回答：「哪裡見過覆巢下有完卵的呢？」

生活智慧

孔融禍從口出，喪家失命，實在可惜。事實上，孔融頗有君子之風，他雖然當面指責人，背後也說人好話，同時也獎掖了許多的人才。不過，這也體現了書生們的一種通病，說得多，做得少。如果只圖個嘴快活，開罪於人，或爲了才名，而多口舌，因此而遭來禍殃，一定是極其慘痛的。

人的忍耐是有限的

曹操遷獻帝，定都許都，禰衡來投。當時許都可謂人才濟濟，但袞袞諸公他幾乎沒有看得上的。他鄙視陳群、司馬朗爲屠夫與賣酒郎，他說荀彧不過臉蛋長得好，可以借用來吊喪，趙稚長只可讓他去監廚請客。他似乎很看得起孔融、楊修，但也只戲稱他們爲「大兒」、「小兒」。

因爲孔融特別推重禰衡，因而曹操對禰衡也很神往，便想見個面。可是禰衡卻推說有病，不見曹操，還在背後譏諷曹操，曹操知道了便不高興。因爲禰衡有才名，曹操才不發作。

但是，曹操也不是省油的燈。他聽說禰衡會擊鼓，就召禰衡爲鼓吏，並大會賓客，請禰衡擊鼓助興。這實際是想羞辱禰衡，讓禰衡知道點厲害。禰衡心裡也清楚得很。宴會時，他從容地走到鼓前，精妙地擊了一曲，按當時的說法叫做「一通」。擊鼓的規矩是一通之後，應脫下舊衣換上特製的新衣。禰衡開始不換，由於有關人員的斥責，他就走到曹操面前，把衣服一件件脫下，直到一絲不掛地站在曹操面前，再又慢慢穿上衣服，臉上泰然自若。這時的曹操無地自容，便只好故作瀟灑地哈哈大笑，自己給自己找梯子下台，對衆人說：「我本來想羞辱禰衡，不料反被他羞辱了！」

因爲孔融是曹、禰的介紹人，這樣一來，孔融就不好向曹操交代了。他要禰衡給曹操道歉，禰衡也答應了，曹操也很高興，吩咐叫看門的人，說禰衡一來立即通報。可是曹操從上午一直等到下午，禰衡才來。但禰衡來，不是來道歉的。他手拿三尺木杖，在大營門口，以杖擊地，大罵曹操。這一下

曹操就火了，對孔融說：「禰衡這小子，太不識相！我要殺他，不過像殺一隻麻雀、老鼠。只是想到他有些虛名，才不殺他，怕別人認為曹操無容人度量。現在我且把他送到劉表處，看他如何！」

果然，禰衡到了劉表處，與劉表合作得很不好，劉表也學曹操的榜樣，將禰衡送到江夏黃祖處，粗鄙的黃祖自然沒有曹公那麼多心計，一次禰衡出言不遜，他就把禰衡殺了。禰衡被殺，似乎不能怪曹操，倒是還看得出曹操涵養尚佳。

生活智慧

曹操對人才，無論他是否能用，有幾種心態都是值得肯定的，那就是：敬愛、借重、忍讓、迴避。但在這諸多心態裡，骨子裡仍是霸道權術，是威權殺伐之氣。所以，有些人他能不殺盡量不殺。有些人，像對禰衡，對楊修，就可看出曹操不能容物的個性表現。

做了有實無名的皇帝

在掃滅群雄的兼併戰爭中，曹操漸漸統一了中國北方，在經營曹氏統治班底時，一個個掃除異己，而他自己也一步步走向權力的頂峰，成為漢末實際上的皇帝。然而，他始終沒做皇帝。

關於曹操集權又不做皇帝，大體反映了曹操用霸術兼用王道時的清醒、明智與踏實，箇中也反映了他熱衷於權力，看重實利。而且由於他的個性敢作敢為，他也確實使出了渾身解數，所以，他的怨主、對頭也多。這種情況也決定他一旦抓到權柄，就會緊緊地抓在手裡，至死不放。這一是保全自身，二是威重天下，三則是功名富貴的滿足。

關於這一點，與曹操同時代的有兩個人物可以與互相比較，一是諸葛亮，一是袁術。

諸葛亮是道家人物，劉備三顧草廬方出山，他奉行的是「功成名遂身退天之道」。也就是說諸葛亮是為了幫劉備的忙而出山的，因此，他個人不圖權位，治軍施政從來不做過頭事。所謂「諸葛一生唯謹慎」。曹操卻截然相反，他所有縝密的心術、凌厲的手段都是為了權與利。這就是曹操在人格上沒法兒和諸葛亮比的原因之一。

袁術其人既無才又無德，只是仰仗四世三公的家門才割據一方。他只知道秦失其鹿，天下共逐之，高才捷足可先登。但他忘了自己的能耐究竟有多大，還忘了天下有多少英雄，尤其忘了他自己還是漢家臣子。因此，他狂妄到稱帝自重，這就注定他要敗亡。

曹操不同。他雖用霸術王道，並且這兩者他都受到人們的指責，霸術用得太濫太過，王道又顯得奸偽，他本人也被斥為「漢賊」。但從他的一系列作為看，他始終明白，他是漢家臣子。不僅如此，做為一代高明之士，無論他多麼急功重利，他心頭總有一團解不開的忠臣情結。儘管具忠誠的內涵究竟為何物，但忠臣這一做為人臣的第一要素，他始終不敢丟棄，乃至忘記。這一點在下面這一段話頗見其人心跡。他說：「……齊桓、晉文所以垂稱至今日者，以其兵勢廣大，猶能奉事周室也。」《論語》云：『三分天下有其二，以服事殷，周之德可謂至德矣。』夫能以大事『也。恬曰：「自吾先人及至子孫，積信於秦三世矣。今臣將兵三十餘萬，其勢足以背叛，然自知必死而守義者，不敢辱先人之教以忘先王也。』孤每讀此二人書，未嘗不愴然流涕也。孤祖、父以至孤身，皆當親重之任，可謂見信者矣，以及子桓（曹丕的字）兄弟，過於三世矣。孤非徒對諸君說此也，常以語妻妾，皆令深知此意……」。——〈讓縣自明本志令〉

這一段話裡，曹操提到一連串歷史人物，齊桓公、晉文公，因為有強大的軍事力

量，他們才能號令諸侯奉事衰弱的周室。周文王佔有三分之二的天下，仍勤謹稱臣。這裡曹操回答了自己擁兵掌權的必要。

尤其使曹操動情的是蒙恬的遭遇。蒙恬是秦始皇的愛將。秦始皇死，趙高亂政，唆使秦二世胡亥賜蒙恬自刎。蒙恬當時擁兵三十餘萬，足可以獨立，但為了報答秦朝對蒙家的三世知遇之恩，蒙恬接受了胡亥的指示。

曹操此中的意思很明白，他也是具有蒙恬那樣忍辱負重的人。因為他曹家自祖、父及至他的兒子曹丕等人，受漢朝皇恩已過三世，他能忘記嗎？正因為有此心思，有此情結，所以他始終力圖在漢家門庭裡扮演好一個忠臣的角色。他做了魏王後，人家勸他取代漢獻帝，他坦率地說：「若天命在吾，吾為周文王矣。」

這就是我為什麼說曹操集權又不當皇帝能反映出他的明智與清醒了。就這一點來說，在心理上、見識上，曹操是沒有矛盾的，如果說有，那是行為邏輯上的悖論。本來，社會人生充滿矛盾，而一個處於權力、利害漩渦的人，就會遇到更多的矛盾，在這眾多的矛盾交織點上，曹操可以說處理好了集權而不當皇帝、不做天下眾矢之的矛盾。不過，歷史記載曹操的集權過程，正如一串腳印明明白白擺在人們面前，讓後來的人清清楚楚地看到他用霸術王道的若干真諦。

生活智慧

曹操心頭有一團解不開的忠臣情結，使他沒有取代漢獻帝而稱帝。但他的內心充滿了各種的矛盾，文化心理的、倫理道德的、權力地位的、名聲道義的、行為分寸的，種種的矛盾讓曹操在一生蓋棺後，成為歷史上爭議最大的人物之一。

實質比虛名重要

　　關於奉天子以令不臣，可以說是曹操一生利用霸王之術最突出的特點，也是他集權而成為事實上皇帝的基礎、背景和手段。而曹操最重要的舉措就是建立國上之國，這不僅僅是做為王侯封國的國中之國，而是確立魏國實際上的中央帝國地位。因為曹操是魏王，那也就是說，曹操事實上成了天下之主。

　　在建立國上之國的過程中，第一步是在消滅袁紹的河北勢力後，曹操就將冀、青、幽、并四州完全控制在自己手裡。獻帝任他為冀州牧，他就在鄴城建立起自己的霸府。

　　第二步是建安十八年正月，獻帝下詔把天下十四州合併為九州。十四州即司、豫、兗、徐、荊、揚、益、涼、雍、并、冀、幽、青、交十四州。其合併法為，幽并二州併入冀州，司涼二州併入涼州，又把交州分兩部分併入荊、益二州。這一合併真正壯大了的是冀州，而曹操為冀州牧，實力因此而增強。在這樣的基礎上，曹操

又進一步紮實經營。

五月，獻帝冊封曹操為魏公，並加九錫，魏國設置丞相以下群臣百官，也就是說這時的曹操就只差個皇帝的頭銜了。

七月在魏國鄴城建立魏國社稷，及魏國公宗廟。曹操又授意獻帝娶其三位女兒曹憲、曹節、曹華為貴人，一年後，曹節為皇后。這自然也是曹操控制、監視獻帝的一種策略。

十一月，魏國開始設置尚書令、侍中和六卿。曹操自己循西漢制做丞相，而在自己魏國中又遵東漢制設置尚書令，這有極其深刻的意味。

建安十九年正月，曹操首次舉行耕種籍田的儀式。「籍田」即天子與諸侯徵民力所耕種的田。此表明魏的分封國地位確立。到此，可看做曹操建國計畫第三步的完成。三月，獻帝把曹操的地位提高到諸侯王之上。曹操此時還不是王，已經開始享受王的待遇了。

建安二十一年五月，曹操正式晉封魏王。而整個從丞相到魏公、魏王這一過程中，曹操始終兼任冀州牧，這是至為重要的實權。

曹操晉封魏王，朝野、邊塞盡皆驚恐，少數民族首領紛紛前來朝賀。曹操得意不忘形，趁機加緊對烏桓、南匈奴的影響與控制。

建安二十二年四月，獻帝令曹操設置唯天子才可使用的旌旗，出入儀仗警戒俱照天子規格進行。

十月，獻帝令曹操像皇帝一樣頭戴懸垂十二根玉串的平天冠，坐金根車，套六馬，設五時副馬，以曹丕為魏國太子。

到此，曹操霸術王道兼用的實力目的都已達到。如果說他的人生尚有欠缺，只是還沒有一個皇帝的名號而已。

生活智慧

一步步地曹操建立了自己的國上之國，確立了魏國為中央帝國的位置。曹操控制了朝廷，控制了獻帝，成了沒有名號的真正皇帝。

曹操東征西討，不僅霸業盛大，而且也網羅了眾多的人才，這些人才中相當多的人是為了忠於漢朝才與曹操合作的。但隨著曹操力量的不斷壯大，以及曹操倒行逆施的真面目日益顯出，這些忠於漢室的人與曹操的矛盾就日益明朗、尖銳。以曹操的個性和心胸，只要他發現端倪，他是絕不能容忍的，而且下手也絕不會心慈手軟。

所以從建安初年始，他便開始了不斷清洗擁漢者的行動。像迎獻帝至許縣開始，他用獻帝名義殺侍中台崇、尚書馮碩等。

後來，因太尉楊彪一個無所謂的眼色，他把楊彪抓起，下獄欲處死，靠了孔融憤然抗議方作罷。害得楊彪後來為了保全身家性命，竟十年閉門不出。還有董承、金禕、耿紀等一起鎮壓的事件。但在這方面最見曹操態度酷烈的還是對待荀彧和崔琰。

荀彧，無論從地位、聲望，以及與曹操的關係，和為曹操所作的貢獻上，曹操若稍有仁和、寬讓之心，都不能輕動他。因為對曹操霸業來說，荀彧可謂第一謀士。像官渡之戰，讓曹操在困難中堅持，在堅持中等待滅袁時機，使曹操不僅把握住了滅袁的機會，而且從天時、地利、人和諸多方面明白怎樣打垮袁紹。並且曹操不斷出征，荀彧總有運籌帷幄決勝千里的奇策，又有坐鎮京都，為曹操安定後方的大功。

以功利面考慮仁愛

而且荀彧身居朝廷，爲尚書令，按
職分曹操無權制裁。但由於
他忠於漢室，曹操就不
能容忍他的存在了。

曹操對荀彧的
反感、厭惡，明
確於建安十七
年，他欲封魏
國公，加九錫
時，秘密徵求
荀彧的意見，
荀彧明確表態
說：「曹公起兵
的目的，是爲了安
定國家，匡扶漢室，
對聖上有的是一片赤誠。
君子愛人以德，我們不能這樣
做。」

曹操是派董昭去徵求意見的，董昭把荀彧的意見回稟曹操，曹操自然十分惱火。
大概意識到對於自己奪天下，荀彧只會做出對漢家有益的事。所以曹操對荀彧的態度
也完全變了。後來，曹操南征孫權，上表請荀彧代表朝廷到南方勞軍，等荀彧到了曹
操駐紮地譙縣，曹操便把荀彧控制起來。沒多少日子，曹操進軍濡須（故址在今安徽
無爲縣境），留荀彧於壽春。某日，曹操派人給荀彧送去一個食品盒，荀彧打開看
時，是個空盒。荀彧明白了曹操的意思，即服藥自殺，死時只有五十歲。

荀彧死，獻帝幾乎絕望，悲痛不可言表，並且在世人中也引起了巨大的反響。因為荀彧名重天下，許多人以為楷模，鍾繇甚至認為他是王道的化身，認為孔門自顏回去世後，能以高尚德操，不二過、不遷怒的人就只有荀彧，可見荀彧之影響了。但不管怎樣，曹操卻必須達到自己的目的。從這裡可以看出，曹操雖然盡力標榜自己的王道仁心，而真正的仁愛之心在功利面究竟存在幾許？

生活智慧

曹操殺荀彧，只是為了達到自己的目的。任何與他目的相衝突的人，他都不能容忍。「惟才是舉」只不過是舉為曹操所用，順曹操心意的人才。否則，越是人才，越有才能，曹操越不能容忍，甚至也不管他當初為他立了多大的功，幫了多大的忙，曹操也都忽略不計。

曹操打擊漢室，清除異己，就其霸業目的而言，無可厚非。儘管他是漢臣，他想做皇帝，他親冒矢石打得江山，如何坐不得？獻帝的祖宗劉邦可以背信棄義從項羽手中搶得天下，坐得龍椅，他為什麼不可以也來一次除舊換新呢？

看其手段，知其善惡

問題就在這裡，他想做又不做，不做比做了更陰毒、更殘忍。或者用俗話說：當婊子又要立牌坊，這就陰險、奸偽了。這樣，他在戰場上的英雄神采，一到玩弄權術的朝廷就顯得異常黯淡，由於他的心計太多，用得也太濫，所以他個人變得十分醜惡。

像他殺孔融不放過兩個幾歲的孩子，像他對漢室實行長期的窒息政策，像他處置伏后的手段，像他處置崔琰的出人意外，都讓人髮指。

讓我們看看當時伏后被殺的情景。華歆帶兵奔東，伏后聞訊即緊閉宮門，躲進夾牆。華歆也算得上是曹操式的鷹犬，他命士兵打破宮門，擊破宮牆，把伏后拖出。當時獻帝正和郗慮坐在外殿，伏后在人掌中，無可掙扎，打著赤腳，披頭散髮，已經十分狼狽。她走到獻帝面前，淚如雨下，說：「陛下，您就不能救救妾嗎？」

獻帝的回答一樣絕望：「我自己都不知道能活到哪一天啊！」說罷，獻帝還不無悲憤地問郗慮：「郗公，天下難道有這樣的事嗎？」天下有沒有這樣的事，不能做否定的回答，政治在某些人那兒，就是慘烈、殘酷的同義語。但只要誰這樣做了誰就注定要被釘在歷史道德的十字架上，永遠被人指責。

　　事實上，劉備如果奪荊州也和曹操不同，後來奪益州即是。無能之主不能保守根本，終必為別人所奪。劉備不得荊州，曹操不是得了嗎？劉備要不撕下仁義的面紗，不取益州，益州未必不會很快落入曹操之手。但劉備擠走劉璋卻能善待之，並無曹操摧殘漢室那種陰毒手段，這樣就見出不同了，見出其為人品性的善良與惡毒了。

生活智慧

　　道法有度，人見善惡。手段、方法最根本的意義即見人品善惡的區分。

人在曹營心在漢

關羽是劉備的結義兄弟，又是劉備麾下最爲雄壯的一員大將。三國時代，亂世出英雄，在戰場上威重神武如關羽者，似是不多，能與之匹敵者，更是寥寥。且關羽其人忠義，一諾千金，矢志不渝。從關東諸侯酸棗結盟，關羽與劉備、張飛追隨公孫瓚對董卓用兵，當時關羽雖地位低下，曹操已留下印象。後來，關羽隨劉備奔走青、徐之間，又隨劉備窮途來投，那戰場上的勇武，平日裡的忠義之氣，都深深地喚起曹操的敬愛之情。

所以，在建安五年正月（公元二〇〇年）曹操以突襲的方式擊破徐州，趕走劉備，困關羽於下邳孤城，竟答應關羽所謂「降漢不降曹」、「一伺知道舊主即離去」等條件，爲的就是能得關羽，使關羽能爲之用。

曹操得到關羽後，即拜爲偏將軍，平日禮遇不同常人。但關羽於曹操實只有離心，並無留意，這就是流傳千古的一句佳話「人在曹營心在漢」。這當然也是曹操所不情願的。曹操於是便叫同關羽關係甚好的張遼去問關羽的想法。關羽便說了心裡話：「我知曹公待我不薄，想我留下。但我受故主厚恩，曾誓同生死，這無論如何不可背棄。所以，終究不會留下。但我一定要報效曹公後方離去。」

張遼如實報告，曹操不僅沒像張遼所擔心的殺掉關羽，竟然也沒

有生氣，反而讚賞關羽：「事君不忘本，真是難得的義士啊！」

曹操又問：「你估計他什麼時候會離去呢？」張遼便將關羽的打算告訴曹操，這倒使曹操十分為難，對關羽這份才，用之不是，不用也不是。後來，還是關羽為曹操解了白馬之圍，斬了袁紹大將顏良。這對曹操是好事，又是壞事。

因而曹操為留住關羽，連忙表奏漢帝，封關羽為漢壽亭侯，又厚加賞賜。可是關羽因已知劉備所在，去向已明，即封金掛印，留下一封信，詳說去意情由，就走了。

關羽的辭去，在曹操身邊引起了不小的震動，曹操的一些心腹將領非常惱火，要曹操追殺關羽，曹操卻寬容地說：「他來得明去得白，這也是各爲其主，不用再追了！」

曹操確實沒追關羽，關羽就這麼走了。後來文學作品衍生出了曹操以禮送行，遣使千里送關牒，使關羽義者更義，使曹操愛才之情憑添詩意，千古傳佳話。

生活智慧

曹操倡「惟才是舉」，他搜羅人才，佔有人才，他，很愛才。但對關羽，他愛才，卻沒有佔有他，他尊重關羽的「各為其主」，他能惺惺相惜。以曹操的個性和心胸，這樣的「送」走關羽，真的很不容易了。

「吾聞以孝治天下者，不害人母。」、「吾聞擬施仁政於天下者，不殺遺孤。」這是陳宮臨刑前說話的情景，意在表明自己當時的心情，也可以說是陳宮在人生的最後時刻對曹操的希望。而曹操對陳宮的心情則更見複雜。

忠孝兩難全

陳宮有才自不待言。陳宮，在曹操實施河南戰略時，局面尚未打開，地面尚狹窄，行動處處受壓制的情況下，他有為曹操請得兗州牧的大功，使曹操不費一兵一卒坐鎮兗州。這樣的功勞有多大呀！尤其是在曹操困難的時候。

可是也是這個陳宮，在曹操第二次東征陶謙時，當他得知張邈意欲發動兵變，即極力慫恿，說：「您擁兵十萬眾，處平坦衝要之地，撫劍四顧，足可為人中豪傑，如今卻受制於人，未免窩囊。現在曹操大軍東征，州中空虛，呂布，壯士也，英勇善戰，如果把他請來管理兗州，再伺有利之機，不是可以縱橫一時嗎？」

兵變就這麼發動了。幸得荀彧料定張邈必變，及早通知前線的曹操，才使曹操在兗州這塊根據地沒有丟失。但曹操在回軍圍攻濮陽時，槍戰不利，幾乎喪命。

此後，陳宮便一直追隨呂布，與曹操作對，並不斷給呂布出謀獻策，使曹操多次軍事行動受挫，而使得曹操在八面受敵的處境中，陷入極不利的局面。直到曹操迎漢獻帝，定都許縣，取得奉天子以令不臣的地位，這局面才逐漸改觀。

依然是這位陳宮，為人剛烈，一旦認定的事情，便有不可逆轉的氣節。

建安三年（公元一九八）九月，曹操發動對呂布的決戰，於下邳圍困呂布月餘，呂布感到孤城難守，便在城樓上向曹軍士兵喊話：「你們不要圍城了，我去向明公自首。」陳宮卻大罵曹操：「逆賊曹操，算什麼明公！現在去投降他，只不過以卵擊石，哪能保全性命！」

因此，在呂布的陣營中，陳宮是最具抵抗到底的人之一。可惜呂布無能，終於城破被俘。最後的時刻，曹操問陳宮：「公台自以為智計有餘，今天如何？」

曹操這樣問，一則是想讓陳宮難堪，一則是想讓陳宮再回到自己麾下，當然這句話也有嚇唬陳宮的意思。

依然是這位陳宮，一敗塗地也不失英雄剛烈本色。他平靜地答說：「我做為人臣不忠，作為人子不孝，理應奔赴刑場就死！」

這一回答使曹操大為失望，同時也深深喚起曹操的敬重之情，又想起陳宮為他得兗州的舊恩情，曹操似乎愈感到陳宮非死不可，不免愈想挽留陳宮。不禁又問：「你去死，你家的老母親怎麼辦？」

陳宮長嘆說：「我聞以孝治天下者，

不害人母。我母親死活由你定奪了，非我力能及！」

　　曹操又問：「那麼你的妻兒如何？」

　　陳宮又答：「我聞擬施仁政於天下者，不殺遺孤。我的妻兒也只有由你了！」

　　曹操無言以對。片刻，陳宮即請死，並慷慨赴刑場。曹操無奈，只得流著眼淚在後面送行。後來，曹操不忘陳宮臨終之言，養其母直至去世。養其女，直到辦完婚事。照顧陳宮的家人，比陳宮在世時更周到。

生活智慧

曹操總攬了三分天下的一半人才，因此能獨得中國北方，成一代強主。曹操自命「吾任天下之智力」。但也有陳宮者流，不願為他所用。不過從此文中，可見曹操愛陳宮的才能，更敬他的人品氣節。所以他們之間的恩恩怨怨也就隨著陳宮的就死而化解掉了。

真英雄敬畏真英雄

曹操在北方最強勁的對手是袁紹，而袁紹的強勁不在於袁紹本人的本事有多麼大，在於他的下面聚集了一大批的文武人才，諸如田豐、沮授、審配、張郃、高覽等等。這些人對袁氏家族或有以死相報，矢志不渝的忠誠；或被袁紹逼走，釀成袁紹個人事業的悲劇。而這些人中，最讓曹操感動的莫過於田豐、沮授、審配。

田豐是因料定官渡之戰袁紹必敗，而惹惱袁紹被投入監獄的。後來，袁軍果如田豐所料，幾乎全軍覆沒。這時袁紹不思教訓，反而惱羞成怒，從官渡前線敗歸，不僅不向田豐致歉，竟下令殺害田豐。如此結局也在田豐意料之中，袁紹外寬而內忌，勝，他或可偷生，敗，他則必死無疑。雖明知如此，田豐倒也從容赴死。

沮授是被曹操俘虜不降而死的。他也反對袁紹發動官渡之戰。他說，袁軍攻曹名不正言不順，道義上處於劣勢，且曹操不比公孫瓚，不是那麼好打的。

又說，即便打起仗來，大概也只是為曹操幫忙。他引用西漢末揚雄的話說：「戰國時，六國擾攘，像是為了周天子，實際不過是為秦國取代周朝架橋鋪路。」今天的事情想來也是這樣。

儘管這樣，袁紹兵敗，他做了曹操的俘虜，見曹操的第一句話就是「我不投降！」

曹操早年同沮授即有交情，亦知其才幹，即迎上前寬解沮授。

「我們隔絕多年，沒想到在這裡捉住了你。」沮授也不羞慚，坦然道：「本初失策，致有此敗，我智力窮盡，活捉則是必然的了！」曹操想勸沮授投降，說：「本初無謀，不肯用你的計策。今戰亂播遷十多年，正是做大事業的時候，你乾脆同我一起吧！」

曹操這樣說，當然是愛沮授的才，意欲用之，只是沮授誓死忠於袁家，因而借故推託說：「我母親、兄弟與叔父還在冀州，性命俱在袁家手中，明公如想關照我，還是讓我快點去死吧！」但是曹操還是下令給沮授鬆綁，好生相待。直到曹操認定沮授終不不為自己所用時，才下命令殺了沮授。

審配是在鄴城攻破後被俘就死的。審配守鄴城是抱定與城池共存亡的決心與曹操對壘。曹操命令兵士出示繳獲的袁尚全部輜重、衣物、印綬、符節等物，以動搖審配的軍心。可是審配仍堅持鼓舞將士頑強抵抗，以待援軍。

他看到曹操在城下巡視，一箭差點射中曹操。當曹操最後問他：「我這兩天在城外巡視，城中射出的箭怎麼會這麼多呢？」審配直起腰板不妥協地回答：「我只恨箭還太少了！」

審配這種臨死不屈的氣節，這種忠於故主的大義，使曹操深為震動。事實上，若不是審配的侄子暗中降曹，並在夜裡打開城門，放進曹操的軍隊，審配寡不敵眾，否則曹操需付出更大的代價，才能打破鄴城。這所有都使曹操想把審配留下來，並有意把審配往活路上引，說：「你忠於故主，這也無奈。」

但審配全然不領會曹操的情，寧死不屈。又加之辛毗等人哀號要求報仇，曹操到底無奈殺了審配。

生活智慧

袁紹的下面聚集了一大批的文武人才，諸如田豐、沮授、審配、張郃、高覽等等，而這些人中，最讓曹操感動的莫過於田豐、沮授、審配。面對這一個個從容為袁氏家業赴死的烈士，曹操也只能嘆道：「河北義士何其多也，可惜袁家不能用，否則，我豈能正眼瞧河北！」曹操的喟嘆讓人想到真英雄方能敬畏真英雄呀！

不分敵我，同是英雄惜英雄

　　袁紹官渡兵敗，倉皇
北還，不久即憂鬱成疾。同年五月吐血而亡。
曹操攻破鄴城，即令非其將令，不得擅入袁宅。
當曹操完全控制了鄴城後，做了一件常人無法理解的事，但對英雄來說，又極富
傳奇色彩的事－－「淚祭袁紹」。

　　他親到袁紹墓前致祭，痛陳時世的艱難、生靈塗炭的苦痛，歷數他與
袁紹相知相交，相約救民於水火的人生歷程，又讚嘆袁紹英雄，但不幸
……。

　　風吹著袁紹的墓碑，頭上有旗旛飄拂。曹操情辭激切，三軍將
士既感動又莫名其妙。因為他們倆到底是敵人呀！有人說曹操是
「匿怨矯情」。

曹操為什麼要祭奠袁紹？一個自己非常害怕的對手，一個最後國破家亡的敗軍之帥呢？

是的，袁紹是敗了，且是一敗塗地。但誰又是永恆的勝利者呢？況且袁紹曾經不也是一個勝利者嗎？一個赫然不可一世的英雄嗎？！

宋人劉敞在＜題魏太祖紀＞中剖白了曹操的心情。他說，董卓亂國，袁、曹結盟，其艱難周旋，共當禍福，有著患難中的真情。等到後來各成氣候，每人又有著自己不同的遠大目標，於是難免互不容忍，乃至相互攻擊，血戰連連。這並不是真的有什麼過不了的或者化解不開的世仇宿怨，不過彼此都要伸張自己的意氣而已。到最後，勝負既明，曹操雖然成大功，但這並不是當初他們相約時所願望的。因而，惺惺相惜，衷心感動，自然而然地傷神隕涕，這不是一般人所能理解的。又說：「且夫為天下除殘，則推之公義，感時撫往，則均之私愛，此明取天下非己義，破敵國非己怨也，其高懷卓犖，有以效其為人，故非齷齪之輩所能察也。」這裡一「推公義」、二「均私愛」，可為將曹操祭袁紹的動機和心情說盡。

關於這一點，古來大智賢，大英傑相交多有此情景。王安石變法，蘇東坡反對，二人的關係相當僵。但王安石退隱了，蘇東坡一結束貶謫的生涯，即赴金陵拜訪王安石，敘交中詩章唱和，敬重之意見於字裡行間。蘇東坡詩曰：「騎驢渺渺入荒陂，想

見先生未病時。勸我試求三百畝，從公已覺十年遲。」王安石則對蘇的人格極為推重，說「不知更過幾百年，才有如此人物」。並格外欣賞蘇的詩句「峰多巧障目，江遠欲浮天」，還次韻奉和。此亦「公義」、「私愛」之矛盾。公義固不可廢，私愛何能不一日訴諸言見諸行呢？

生活智慧

曹操和袁紹一直是敵人。袁紹憂鬱吐血而亡。此時的曹操竟做了一件常人無法理解的事，他到袁紹的墓前，情辭激切，淚祭敵人。曹操為什麼這麼做呢？世人說，一是推公義，二是均私愛，二者雖矛盾，但亦可並行。這就是我們所看到比較「可愛」的曹操。

初平三年（公元一九二）曹操重用畢諶爲兗州別
駕，讓他跟在自己這個剛做到兗州州衙上的兗州牧身
後。後來張邈對曹操倒戈相向，扣押了畢諶的母親，曹操爲
畢諶著想，叫他去投張邈，畢諶信誓旦旦表示忠心不二，把曹
操都感動得流下了熱淚。

　　就是這個畢諶，發下了天大的誓願，卻一轉身就逃去
投張邈了。後來，曹操擊破下邳，畢諶同呂布等一起被
俘，人們都認爲畢諶死到臨頭了，誰知道曹操卻說：「一
個孝敬父母的人，難道不忠於君主嗎？這不正是我所要訪求的人
嗎？」

　　畢諶不僅沒有死，反而還做了魯國相。

　　所謂至德，不就是忠和孝嗎？忠是對君主，對朋
友，孝是對父親，對母親。既忠又孝，又有才能，
這樣的人有什麼好挑剔的呢？

　　事實上，惟才是舉，不仁不孝只要有治國用兵
之術，勿有所遺，這樣的人才方針，所有亂世經國治軍
的人大約都是這樣做的，但未必會這麼說。此乃權變，追
求實利罷了。但這
樣一說，行之
於律令，就有些違反傳
統了。

　　就傳統來說，中國歷來講忠孝、
講節義、講賢良、講方正、講清廉。

發展事業，相容並濟

這就是人才的標準，這標準沒什麼不好。然而，忠孝、節義、賢良、方正也太虛假做作了。很容易有其名無其實。

　　這樣單純的以德考察人才的弊病就顯而易見了。所以曹操才力倡「惟才是舉」，不管其是否仁孝，只要他能治國用兵就好了，至少有挽救時弊，撥正風氣的作用。但提倡惟才是舉，甚至不計仁孝，絕非否定仁孝忠義，容忍或擢拔有缺陷的人才，也不是貶斥至德的人才。所以，無論惟才是舉還是堅持傳統，目的都是為了發展事業、發展人，所以二者從根本上來說是不矛盾的。而且，惟才是舉對於用才之道、統馭之道來說，不管是手段也好，目的也罷，在整個文明史上它也是一種傳統。只是在發展事業、發展人時，被人的某些醜惡的動機或行為抽空了它生動鮮活的內質，相對應地又注入了陰險惡毒的禍水時，說惟才是舉才覺刺耳，才有些反傳統的味道。

　　如果說曹操提出惟才是舉，是不計仁孝，是反傳統，那未免太表面、太膚淺了。文明不變，眾怒難犯；文明只可豐富，眾怒只可順水推舟，這通常的人情，一代人傑

曹操哪裡會不知道！否則他的惟才是舉怎麼能在當時引起那麼大的迴響，讓他招來那麼多的賢才，幾欲佔了天下人才的一半！如果傳統是為著保守和發揚人的諸多真善美的本性，那麼，反傳統不也同樣是為著保守和發揚人諸多真善美的本性，乃至發展事業、發展人，那傳統和反傳統豈不是二而為一了嗎？

生活智慧

提倡惟才是舉，甚至不計仁孝，絕非否定仁孝忠義，否定傳統，容忍或擢拔有缺陷的人才，也不是貶斥至德的人才。所以，無論惟才是舉還是堅持傳統，目的都是為了發展事業、發展人，二者從根本上來說是不矛盾的。

義利相衝時，趨義忘利

曹操手下有個叫梁習的人，原爲郡主簿，歷任乘氏、海西、下邳縣令，後還朝任司空府的西曹令史，又調任西曹屬。梁習歷任職所，向有政聲。但在梁習任西曹屬時，有一事惹惱了曹操。當時一個叫王思的人也任西曹令史，因匯報情況不合曹操要求，曹操大怒，竟要將王思處以重刑。施行人員到來，王思正好外出，梁習便替王思前去接受質問，被曹操關押起來。

王思這時在外聽說，即飛馬趕回，主動承擔了死罪。這事情到此已經很糟糕了，論事實，梁、王二人必有一死。偏偏二人的表現感動了曹操：梁習不爲自己辯白，王思也不推卸責任。倒是曹操驚慌了，不禁感嘆：「哪裡想得到我軍中竟有兩個

義士呢！」

　　就因為這樣，曹操非但沒有治二人的罪，二人反而因禍得福，雙雙被提拔為刺史，王思兼豫州刺史，梁習兼并州刺史。

　　曹操的部下或者人才可說大部分是從敵營中來的，曹操對這些人可謂有知遇之恩，但這些人對舊主也常有感念之情。對這樣的情況，曹操視若無睹，但心理上是相當體諒的。

　　攻殺袁譚後，懸首示眾，並明令：「敢哭之者，戮及妻子。」冀州別駕王修卻無視曹操的命令，伏到袁譚屍身上嚎啕大哭，不少追隨袁家父子的人見了都暗暗抹淚。王修不僅如此，還冒死要求曹操讓他收葬袁譚屍

身，曹操表面沉默不語，王修進而說：「我受袁氏厚恩，如能讓我來葬袁譚屍體後再去死，我死而無憾！」曹操聞言，感動地說：「王修，義士也！」所以不殺王修，反任之為司空掾行司金中郎將。

孔融被殺，唯脂習撫屍痛哭，說：「文舉，你捨我而死，我今後同誰說知心話呢？」曹操聞訊，下令把脂習抓起來，但心一軟還是放了脂習。後來還對脂習說：「你倒是一個慷慨多情的人啊！」並給脂習送去一百斛穀子。

生活智慧

曹操本人難說有多少的忠義之心，但對忠義的人卻常表現出由衷的讚嘆與欽服，甚至於在利害衝突之中，他也能網開一面，成全忠義的人。特別是在義、利矛盾的時候，曹操常能趨義而忘利。對關羽，對沮授如此，對自己的部下也一樣。

表明自己的胸襟

在曹操的性格裡，寬與忌，狠與和，善與惡，表現得極爲鮮明，甚至極爲矛盾，但這樣的矛盾正像明人鍾惺所說的「慘刻處慘刻，厚道處厚道，各不相妨，各不相諱」。曹操就是這樣的人。他有許多忌狠的地方，也有許多寬和的地方。無忌刻的話，就沒有三國奸雄的名；沒寬和的話，那麼，他也很難成就一方霸主的大業。所以，他的寬和處還是有許多可書於青史、譽於後世的。

對於人才來投，無論戰時兩軍對壘的前線，還是風平浪靜的平日，他大抵都能信之任之。

官渡之戰相持時期接納許攸，並用其計，固然是藝高人膽大，但骨子裡也眞的是知人善任，明於人事。而烏巢燒糧之後接受張郃、高覽來降，更是自信信人。

以曹操的天性來言，他實在是一個狐疑狼顧的人，但他在用人中不僅信之任之，還能時常不爲謠言、讒言所左右，就更爲難得，一次蔣濟被人誣告謀反，曹操不僅充耳不聞，反提昇蔣濟爲丞相主簿西曹掾，專管丞相府內官員任免事宜。

又建安十八年東郡朱越反叛，並誣陷黃門侍郎衛臻是同謀者，曹操同樣不相信。爲洗刷衛臻清白，以正視聽，他派荀彧調查此事，澄清眞僞。結果，衛臻確實是被誣陷的。爲此，曹操通知衛臻：「孤與卿君同共舉事，加欽令問。始聞越言，固自不信。及得荀令君書，具亮忠誠。」

這道通知實是一來和衛臻敘舊的，因衛臻之父乃衛茲，曹操

陳留起兵時的共事者；二來是表明對衛臻的信任。

　　對於曹操來說，這樣的一種態度實在難得：「時國家分裂，正是上下相互猜疑之際，即使坦誠待人，尚且擔心他人不信，如果還動手殺人，那誰不戰戰自危呢？而且生活在常人中容易被庸人誣陷，你去怨恨，怨恨得過來嗎？漢高祖同雍齒有仇，他赦免了雍齒，結果人心大安，你怎麼不記得了呢？」

　　這是當初曹操說給袁紹的一席話，表明一種人才的態度，也表明一種做人的態度。當時袁紹因與楊彪、梁紹和孔融有舊怨，曹操當時還依附於他，於是袁紹就叫曹操找藉口，把這幾個人殺掉，曹操就說了以上的話開導袁紹。

　　其中「雍齒封侯，我何憂哉！」說的是漢高祖劉邦用人授爵的故事。當時天下初定，劉邦大封同姓王和重要功臣，其餘人員則甚為不安，因此，天下仍潛藏著再次陷

入戰亂的危機。劉邦對此也很擔心，就問謀臣，謀臣即說：「您平時最恨的仇人是誰？」

劉邦：「莫過於雍齒。」

雍齒乃劉邦的同鄉，曾和劉邦一同起兵，後來背叛過劉邦，雖然最終庸齒還是回到劉邦營中，但劉邦對其人已非常仇視「那您就封雍齒為侯爵。」劉邦依計而行，雍齒封侯，消息傳開，一些心懷疑忌，甚至還很恐懼的人，立即放心了，並說：「雍齒封侯，我何憂哉！」

曹操這樣說，表明他懂得寬以待人的重要，他也實實在在地這樣做著。

生活智慧

「雍齒封侯，我何憂哉！」因愛才的緣故，對自己最忌恨的敵人都能饒恕，甚而提拔，這樣的作為不僅僅懂得寬以待人而已，還需要有極大的英雄氣度才行，曹操做得到，也做了。

自古英雄多好色

想不起從什麼時候流傳下來這樣的一首打油詩，曰：

自古英雄多好色，
未必好色即英雄。
我非英雄亦好色，
惟有好色是英雄。

這是一首好色者自嘲的詩，語雖調侃，到底傳達了人情的某些共同性。所謂郎才女貌，英雄難過美人關。雖非人人如此，但畢竟歷來如此。固然有倚玉偎香，坐懷不亂的真君子，但人群中更多的是色不迷人人自迷的好色之徒。

這問題不在好色不好色，而在於該不該或把握的尺度，如何的發乎情，止乎禮而已。

而曹操其人，性尚通脫，不拘節律，在男女的事情上就走得遠了，並且很年輕就十分荒唐。

有這樣一個傳說：

曹操與袁紹都是京都大官僚人家的子弟，半大不小時就在一起鬧事兒。有一天，他們聽說有一家兒子完婚，新娘標緻，二人

便想鬧一場惡作劇。商量好了，相約一同去趕熱鬧、看婚禮。婚禮人且雜，出出進進，二人便趁著人群雜處，溜至主人的花園中藏起來。看看人家酒足飯飽，婚禮鬧夠了，天也黑了，二人按捺不住，使出調虎離山計，突然大叫：「有賊！有賊！在那！」

樂極怕悲事。舉行婚禮的那家主人即衝出去捉賊。這邊曹操路徑看得眞切，大步趕到新房，將鋼刀往新娘子脖子一比，就把新娘子劫持了。然後挾著新娘子趕出門，同在外接應的袁紹會合，又循著來路往回逃。

新娘子在掙扎，後面有人追，二人又急又怕，袁紹膽子小些，一步踏空，掉進路邊坎下一個荊棘叢中去了。這可把曹操急死了，顧不得新娘，急中生智，大叫一聲：

「賊在這裡！」這一喊嚇得袁紹惡向膽邊生，雙目一閉，豁地衝了出來。於是二人方逃脫。

傳說的可信程度大約只限於查無實據，事出有因。

生活智慧

傳說中的事情，只能當做「故事」來聽，但從故事中可看出曹操的「英雄好色」的本色，事實上這不是「該與不該」的問題，而是能否發乎情、止乎禮的問題。

小時了了，長大不得了

從曹操後來的回憶來看，家庭對他的影響，尤其在教養和感情方面，可謂深遠。他自嘆出身卑賤，既沒有得到慈母的關愛，也沒有受到嚴父的訓導。不過，這樣一來卻成就了曹操獨立籌謀、機敏穎悟的品行。並且由於受到這種官宦家庭的保護，所以行為放蕩，時有冒險逞強、打抱不平的舉動。而終日所結交的也是袁紹、張邈一類的遊俠人物。所以，時人把曹操歸類為惡少之流。像他的叔父曹襃就很看不慣他成天飛鷹走狗、不務正業的樣子，屢屢到曹嵩面前數落曹操的惡行。曹操知道後，又怕又恨，又想報復叔父。

有一天，他遠遠瞅見叔父走來，便故意把嘴歪到一邊，臉扭曲得十分難看。叔父看到了，就問：「你怎麼了？」

曹操答說：「我剛才突然中風了。」叔父當真，趕快去告訴曹嵩。曹嵩聽了，吃驚不已，忙叫人去喊曹操，當曹操站到他父親的面前時，身無異樣，曹父就問：「叔叔說你中風了，好了嗎？」

曹操委屈地說：「我哪裡有中風呀！只因叔叔不喜歡我，就這麼亂說。」

從此以後，叔叔再告曹操的狀，曹父一律不聽。曹操因此活得更自在了。

曹操如此任性，很為時人所不屑，認為朽木不可雕也。但也有完全相反的評價，認為他與不同，將來必成大器。

汝南王俊，為時俊傑。袁紹母親逝世，歸葬汝南。王俊、曹操都去參加了袁紹母親的葬禮。王俊說：「天下就要大亂，罪魁禍首必是此二人。欲定天下，首當除此二人。」王俊點頭，並說：「定天下者，捨足下而誰？」

南陽何顒，名動一時，他見了曹操，也不禁嘆道：「漢家氣數將終，得天下者，必斯人矣！」

穎川李瓚，乃黨人首領李膺
之子，曾爲東平相，臨終時對
兒子李宣說：「國家將亂，
天下英雄無能勝曹操。張邈
是我的好友，袁紹是你的
外親，但不可投，只可投
曹操。」囑子李宣照辦，果
然應驗。

同一個曹操，但時人對他的看法不一，這也許是曹操將來會有功名的某種兆頭。但有一點是很
肯定的，年輕時的曹操一定不務正業。說來奇怪，也許能走上歷史舞台的人正需要這樣的素質
——「機敏、勇敢、奸詐、無賴」，曹操正是此中翹楚！

曹操在當時為絕大多數的人所不屑，主要的原因大概是他遊逛無度，又愛弄些惡作劇，而不是指他不學無術。因為事實上正好相反，從《三國志》等史籍和《曹操集》來看，曹操不僅博覽群書，對於武學更頗有鑽研，只是對儒學可能沒有「皓首窮經」的志趣，所以正統的人討厭他。

不過從遊逛中養成的交友與籌畫習慣，到曹操日益長成，行將步入仕途時卻大有用處。

漢代士人晉升主要仰仗清議。清議即輿論鑑定。凡受輿論稱譽的人，再經地方政府考察舉薦，或中央政府公吏徵請，或舉孝廉，或舉秀才什麼的，即步入仕途。清議大抵取「風謠」和「題目」的形式評定人才。風謠用詩句評人物，題目則是一判語定才德。

清議如許重要，清議名流當然為士人首要爭取的對象。因為他們的一、二句話就可以定士人一生的前程。對此曹操當然了然於心，對那些清議權威也不敢不親之、敬之。其中尤與橋玄的關係非常。

橋玄，梁國睢陽人，官至尚書令。為官清廉，子弟沒有人是憑藉關係做上大官的。且家貧如洗，死後無錢安葬，深為百姓仰戴。橋玄為人謙恭，善識人。曹操當初慕名前往，橋玄與之交談，竟大為驚異，說：「天下將變，非經邦濟世之才不能安天下。斯人或為足下！」又說：「我識天下名士多

矣，無一如君。汝當勉力，我老矣，願將妻兒托付與你了。」

　　曹操遇此知己，感激不已。橋玄又覺得曹操沒有什麼名氣，便指點他結交許劭。

許劭，汝南平輿人，自矜名節，不肯應召做官。其人尤長於識人，時人推為清議權威。誰若得到許劭的贊許，即身價百倍。如此盛名的人，曹操自然是渴慕非常。因此，曹操便帶著厚禮去拜訪許劭，希望得到他對自己的襃獎。但許劭竟一言不發，好像對曹操本人甚不歡迎。曹操也固執，一而再，再而三，甚而脅迫，許劭無奈，最後說了十一個字：「子治世之能臣，亂世之奸雄。」曹操對此評語竟十分滿意，大笑而去。不管怎樣，這話充分肯定了曹操的才能。

　　曹操拜訪名流，還有更難堪的時候。他到名士宗世林家，抓著宗士林的手，說願交個朋友，可是宗士林不假辭色，乾脆拒絕了他。直到曹操挾憲帝，定許都，總理朝政了，再次請來宗士林，宗仍不動聲色：「松柏之志猶存。」不屑與曹操為友。

生活智慧

清議權威許劭認為曹操為「治世之能臣，亂世之奸雄」。這十個字真夠曹操享用了，歷史也證明他說的沒錯。不過，清議名流即使承認曹操的才幹，對其人品，大多數的人還是持保留的態度。

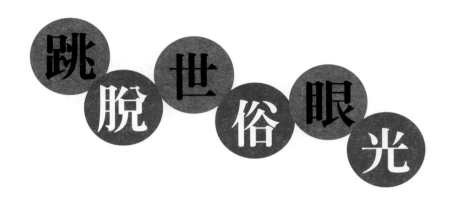

跳脫世俗眼光

　　中國人文傳統的婦德，歷來注重貞操、不二嫁，但曹操無所顧忌地娶有夫之婦，又「自好立賤」，如果僅僅把它看做是行為上的、情感需要上的放縱之舉，似不妥當。因為對於當代的人文，曹操至少具有以下幾種身分：征戰天下、智勇兼備的統帥，深諳中國經史禮法的學者，掌握權柄、治理國家的宰臣，並且在這種種方面，他都是開創一個時代，又實實在在影響這個時代的成功者。這樣的人對女色有這樣種種的舉止，倘說全然是率意而為，實在說不過去。

　　應該說是曹操能正視男女的正常生理和感情需要，正視人性的正常需求，也不把女性只當作一個觀念的負擔者，她們應該是一個個活生生的人，而不是貞操、名節的犧牲品。這樣一來，傳統的貞操觀念在其心目中就沒有多大的份量。自然，也無須因此掩蓋曹操的放縱，有時甚至全無道德廉恥的疵點。或者，這二者正互為因果，更可能是曹操為人的一體兩面。

　　曹操鮮廉恥處令人不齒，但曹操仍有感人處，在男女一事中，就可看出他人性的真誠，甚至獨到的見地和行止。

　　他曾在＜讓縣自明本志令＞中說：「……常以語妻妾……孤謂之言：『顧我萬

年之後，汝曹皆當出嫁……。』」

　　目的是讓妻妾在他死後嫁人以宣示其忠誠漢室的心，然而，身爲魏王，且以周文王自況，竟有如此之言，如此之心，亦見其人敢想敢作之風。曹操如此說，他也如此做。

　　曹操的結髮妻丁夫人，因自己無出，養早亡的劉夫人子曹昂爲己子，淯水之難，曹昂隨征，死於張繡突襲之中。丁夫人因此事經常數落、責罵曹操。曹操在無法容忍的情形下，將丁夫人送回娘家，意在讓丁夫人平靜一下心情，夫妻之間也緩和一下緊張的氣氛，再將丁夫人接回。

　　或者因爲丁夫人脾氣太倔，或者作爲人妻，對曹操其人更知底細，因而一去竟無返意。當曹操去她娘家接她回京，她正坐在織布機前織布，人報「曹公到」，丁夫人只當沒聽見，依然織她的布。曹操走上前，撫摸丁氏的背說：「一起坐車回去吧！」丁夫人依舊不睬，曹操無奈轉到門外又問丁氏：「跟我一起回去不行嗎？」丁夫人仍不作聲，曹操只得說：「眞要分手了！」

　　曹操此後便再也沒有去找丁夫人，但仍關心她的生活。或者他覺得丁夫人還年輕，應當要有個家。他並不以爲丁氏曾爲其妻，離他而去，就把她限制起來。或者以一種更爲高尚的感情言之，愛一個人，對一個人有感情，得與失都重不要，不只爲一己之私。曹操本心是否如此不得而知，但曹操是這樣做的，也做到了。

他要丁夫人父母將丁夫人改嫁他人，只因為丁夫人父母懾於曹操權勢，不敢這樣做。至於曹操，如此要求丁家是否虛情假意裝裝樣子？似乎不是。曹操以其權威地位，乃至其一生周圍擁有眾多姬妾，他自己還日理萬機，假如對一個女人沒有感情，不是真正關心她作為一個女人的生活，他就沒有必要如此費心。從另一方面來說，曹操這麼做，也是符合他的性格的。

就這一點，若只與春秋時的齊桓公比較，即見曹操的無拘礙處，和尊重人性的真誠處。齊桓公曾出一婦人歸蔡，蔡人因是另一國度，自然無需顧慮齊桓，即將婦人另嫁男家。桓公聞之大怒，興兵伐蔡。質而言之，齊桓、曹操實乃一類人，但此中即見異同。應當承認，英雄眼底，兒女情長究是多餘事，然而男女之情到底是人中大事。曹操能如此，自有其可貴處。

生活
智慧

曹操的結髮妻丁夫人，被曹操送回娘家後，不肯隨曹操回去，他們只得就此分手。曹操顧念丁夫人往後的生活，要丁夫人父母將丁夫人改嫁他人，這樣的心，這樣的做法，在講求貞操的當時，十分難得。曹操也有他可貴的地方。

Leaves
Publishing

書號 L1004　　　書名 曹操，你在說什麼？

葉子出版股份有限公司
讀・者・回・函

感謝您購買本公司出版的書籍。
為了更接近讀者的想法，出版您想閱讀的書籍，在此需要勞駕您
詳細為我們填寫回函，您的一份心力，將使我們更加努力！！

1. 姓名：＿＿＿＿＿＿＿＿＿

2. E-mail：＿＿＿＿＿＿＿＿

3. 性別：□ 男 □ 女

4. 生日：西元＿＿＿＿年＿＿＿＿月＿＿＿日

5. 教育程度：□ 高中及以下 □ 專科及大學 □ 研究所及以上

6. 職業別：□ 學生 □ 服務業 □ 軍警公教 □ 資訊及傳播業 □ 金融業
　　　　　 □ 製造業 □ 家庭主婦 □ 其他＿＿＿＿

7. 購書方式：□ 書店 □ 量販店 □ 網路 □ 郵購 □書展 □ 其他＿＿＿＿

8. 購買原因：□ 對書籍感興趣 □ 生活或工作需要 □ 其他＿＿＿＿

9. 如何得知此出版訊息：□ 媒體＿＿＿＿ □ 書訊 □ 逛書店 □ 其他＿＿＿＿

10. 書籍編排：□ 專業水準 □ 賞心悅目 □ 設計普通 □ 有待加強

11. 書籍封面：□ 非常出色 □ 平凡普通 □ 毫不起眼

12. 您的意見：＿＿＿＿＿＿＿＿＿＿＿＿＿＿＿＿＿＿＿＿＿＿＿＿＿＿
　　　　　　＿＿＿＿＿＿＿＿＿＿＿＿＿＿＿＿＿＿＿＿＿＿＿＿＿＿

13. 您希望本公司出版何種書籍：＿＿＿＿＿＿＿＿＿＿＿＿＿＿＿＿＿＿

☆填寫完畢後，可直接寄回（免貼郵票）。
　我們將不定期寄發新書資訊，並優先通知您
　其他優惠活動，再次感謝您！！

Leaves
Publishing

根
以讀者為其根本

莖
用生活來做支撐

葉
引發思考或功用

果
獲取效益或趣味